MOTRICIDAD ESCOLAR:

Propuesta de actividades desde los fundamentos teóricos a la experiencia.

PAOLA FLAVIA MARAMBIO NÚÑEZ
LEONARDO ANDRÉS PAVÉS FÉREZ

MOTRICIDAD ESCOLAR:
Propuesta de actividades desde los fundamentos teóricos a la experiencia.

PAOLA FLAVIA MARAMBIO NÚÑEZ
motricidadenaccion@gmail.com
LEONARDO ANDRÉS PAVÉS FÉREZ
leopaves@yahoo.es

Reg. Prop. Int.
Nº: 2023-A 4908
ISBN: 978-956-414 600-3
Segunda Edición

Imagen portada: Paula Fritis Arcaya
paulafritis@gmail.com
Diseño de portada: Paola Flavia Marambio N.
Edición: Horacio Lara Díaz y
Rodrigo García Pino
Corrección: Rodrigo Purcell

 @motricidadenaccion

 facebook

 motricidad en acción

Santiago de Chile, 2024

"Gracias a la vida que me ha dado tanto", versaba Violeta Parra,
y en este libro quiero
agradecer a la vida, a los momentos, los lugares, las experiencias,
sabores, olores y colores de esta..., pero por sobre todo a las
personas... Las que han caminado a mi lado... Son varias, cada
una han ¡¡¡¡aportado tanto!!!! en este tránsito de vida sin ustedes,
no sería quien soy.

"No hay huella de mi camino que no pase por el camino del otro"
decía asertivamente
Simone de Beauvoir.

Por eso "gracias totales": a las personas que..., ya se fueron de esta
tierra, a los que están lejos, a los cercanos, a los kármicos, a los
luminosos, a mis amores, a mis formadores, a mis conocidos, a los
amigotes de la vida, a los amig@s nuevos, a mis colegas, a mis
estudiantes, a todas las personas que estoy lista para conocer,
a mi familia, en especial a mi mamá, a mi hijo y a mi hija
"mis cachorros" que sin lugar a duda son mis mejores
maestros cuánticos.

Y a ti querido lector que además confías en mi trabajo.
Paola

Este libro, fruto de mucho esfuerzo, conversaciones, vivencias,
años de trabajo y por sobre toda la incondicional vocación por esta
profesión se lo dedico a Pilar, Javiera y Matías por- que siempre
me han apoyado en mis proyectos extra laborales, a la Pao
por su perseverancia para sacar esto adelante y a todos y todas
quienes de alguna manera han hecho de mí, a lo largo de tantos
años, el profesional que soy.
Leo

ÍNDICE

PREFACIO

Para mí es un honor y una alegría enorme escribir algunas palabras en
el inicio de estelibro, que es la continuidad de un largo proceso de
formación, experimentación, correcciones, nueva búsqueda de conceptos
y nuevas experimentaciones de sus autores.

Un libro siempre es un esfuerzo intelectual, que puede tener la condición
de ser un aporte a la teoría o a la práctica de algo. En este caso, aporta
en ambos sentidos y eso fortalece nuestra actividad y dignifica
nuestra profesión.

Lo que han hecho Paola y Leo, es lo que siempre he entendido como
modelo de profesores de educación física. Esto sería como la
exacta combinación de animadores, solucionadores de
problemas, exploradores y colchón de aguante de todo lo que sucede
en lasociedad y además,
deben procurar desarrollar personas felices. No está fácil esta tarea en
el mundo que nos está tocando vivir.

La diferencia exacta entre la teoría y la buena práctica es el proceso
intelectual, la voluntad de hacer lo mejor y la conciencia absoluta de
que se está trabajando con niñas, niños y adolescentes. El conjunto de
esos elementos, son los que precisa un avance en la ciencia y en este
caso, la ciencia de la actividad física. Hoy, se hacen esfuerzos denodados
por comprender el movimiento, el funcionamiento del cuerpo humano y
sus interacciones,no solo para producir un éxito motriz, como caminar
en un pequeño de 11 o 12 meses, o un éxito deportivo, como sería ganar
un Campeonato Mundial de alguna especialidad. Hoyel éxito, es lograr
personas que interactúen y a través de ello, sean personas felices.
Parece fácil y bonito.

El Dr. Luis Bisquertt Susarte en su Educación Física Social, decía que
ésta debía estar alalcance y al servicio de todos nuestros compatriotas,
con fines salubristas, educativos y deportivos. Y es aquí donde cabe
hacerse la pregunta, ¿qué es lo que estamos haciendo quienes seguimos
esta doctrina?... Pienso que aquí en este libro, están algunas respuestas.

Píndaro, el poeta Olímpico (518-418 AC), escribía y ensalzaba los triunfos deportivos en los Juegos Olímpicos de la Antigüedad, muchas veces encargado y pagado por los deportistas o sus familias. Hoy ya no es necesario pagar a alguien para ensalzar y dar a conocer los triunfos, los fracasos y las derrotas. Los medios de comunicación modernos nos hacen ver en directo desde cualquier parte del mundo, lo que está sucediendo. La pregunta que cabe hacerse, ¿quiénes apoyan y ensalzan a los formadores de los héroes del futuro?

Quiero a través de estas palabras, rendir en Paola y en Leonardo, un sentido homenaje a quienes en silencio y la sencillez de las escuelas, forman con dedicación, vocación y cariño, a los niños y niñas de nuestra Patria. Ellas y ellos son el futuro de Chile, en las artes, en la ciencia, en la academia y también en el deporte.

Un abrazo y éxito en todo.

RODRIGO GARCÍA PINO
Profesor de Educación Física (UMCE).
Licenciado en Educación y Magister en Administración
Deportiva (UMCE). Secretario General ISF América
(International Schoolsport Federation). Director de ACHIPEF
(Asociación Chilena de Profesores de Educación Física).

Es un privilegio escribir algunas palabras sobre un tema tan interesante y tan de actualidad en la Educación Física Escolar de todo el mundo y, particularmente desde hace unas décadas, en las escuelas de nuestro país. Mucho se ha dicho y mucho se ha hecho en esta materia, pero poco o nada se ha escrito sobre el tema en nuestro ambiente. Todo lo que sabemos, como bien lo recuerdan los autores ha sido escrito por profesionales foráneos, algunos de mucha experticia y reconocimiento intelectual, pero entre los que los hay de todo: teóricos y prácticos, pero pocos que hayan ido de la Teoría a la Práctica, estableciendo claras y significativas relaciones entre ambas posiciones. Y ya lo dijeron hace mucho tiempo nuestros distinguidos maestros: "Teoría sin práctica es sólo mera especulación, así como también, Práctica sin teoría, es sólo cosismo", es decir hacer por hacer sin un adecuado respaldo fundante.

En los años "90" tuvimos la oportunidad en el DEFDER, de organizar cursos, seminarios y talleres con interesantes y muy capacitados profesores que nos entregaron buenos fundamentos sobre esta materia, me refiero a Klaus Miedzinski, Jorge Roberto Gómez, Antonio García y Juan Carlos Díaz, entre otros ilustres visitantes que visitaron nuestro principal Instituto. Junto a estos docentes, los autores de este trabajo tuvieron la oportunidad de ser sus alumnos en algún momento, y sus colaboradores y ayudantes, en otros. Además, en las clases de Pedagogía, Didáctica y/o Metodología, el profesor Francisco Muñoz Palape, ya también había comenzado a trabajar y analizar con mucha documentación "El Tema": MOTRICIDAD.

De allí o desde ahí, seguramente nació este interés por desarrollar el trabajo que hoy conocemos y apreciamos, y que sabemos qué hace falta para nuestros colegas de Educación Física y, sobre todo para los maestros que enseñan en la Enseñanza Básica donde tanto los ejercicios que desarrollan las Capacidades Perceptivas Motoras, como los que ejercitan las Habilidades Motrices Básicas y las Habilidades Motrices Específicas son difícilmente manejados. También estamos seguros que serán un gran aporte, sobre todo, porque los Programas Oficiales lo señalan como Obligatorios, y sin embargo los docentes no tienen fuentes válidas donde informarse y especialmente saber que cuentan con propuestas que nacen de la experiencia de los autores; experiencia que además ha sido contrastada con la teoría, con los fundamentos, con una amplia información que ellos recogieron de la lectura y discusión, del análisis serio y profundo, de contrastaciones y cuestionamientos profundos que los llevaron a esta muy buena PROPUESTA DE MOTRICIDAD ESCOLAR, desde la fundamentación teórica a la experiencia.

Agradecemos a los profesores Paola Marambio y Leonardo Pavés la oportunidad de serde los primeros en leer su trabajo, dar nuestra opinión y decir algunas modestas palabras sobre la importancia de lo que están entregando a la Educación Chilena, tan necesitada deaportes que permitan mejorar su tan manoseada calidad. Nos alegramos por el aporte y les agradecemos y felicitamos por este "atrevimiento" que estamos seguros será un gran aporte para la Educación Física Escolar chilena.

Ojalá muchos colegas respondan al desafío que los autores plantean sobre analizar, pensar, dar una mirada profunda a lo que está pasando y poder contribuir con ideas, con trabajos y con experiencias novedosas para así poder seguir validando materiales como losaquí entregados. Esta es la labor que hoy prometen y ofrecen los Centros de Pensamiento,y Paola con Leonardo, asumieron ese rol con su MOTRICIDAD.

HORACIO LARA DÍAZ
Profesor de Estado en Educación Física.
Licenciado en Educación y Magister en Educación por la U.
de Chile.Director y miembro honorario del Bureau
International de FIEP.
Ex Docente del DEFDER de la Univ. Metropolitana de Cs.
de la Educación. Ex Director del Depto. de Educ. Física de
CPEIP (Ministerio de Educación)
Autor de Artículos en revistas especializadas y de Libros de Educación Fís

INTRODUCCIÓN

Primero que todo les queremos agradecer la oportunidad que nos dan de compartir nuestro trabajo. A mediados de los años 90 nos titulamos como profesores de Educación Física, Deportes y Recreación en la Universidad Metropolitana de Ciencias de la Educación (FÍSICO-DEFDER) con la ilusión de ejercer nuestra profesión docente en escuelas, colegios e instituciones en las cuales pudiésemos ser un aporte pedagógico. Nos dedicamos muchos años, durante nuestros estudios, a organizar congresos y cursos de motricidad, lo que nosllevó a una pasión incontrarrestable con respecto al rol del docente de educación física ennuestra sociedad.

En un principio compartimos trabajos, luego cada uno forjó su camino desde el colegio, la universidad, conferencias, cursos, asesorías y capacitaciones, en fin, una serie de oportunidades laborales que nos han enriquecido como profesionales y personas; abarcando experiencias que han sido transversales desde los sectores más vulnerables hasta los sectores más acomodados en diversos lugares del país tanto rurales como urbanos. Hoy que-remos compartir nuestra experiencia, y plasmarla en un libro tal cual como alguna vez lo conversamos y soñamos en la universidad siendo estudiantes de esta hermosa profesión.

Una particularidad que tiene este libro es que lo hemos escrito en primera persona plural porque hemos consensuado nuestras ideas y no tenemos certeza si narrativamente escorrecto. El motivo es hacerlo cercano a ustedes, como si estuviéramos conversando sobreesta disciplina que esperamos les apasione tanto como a nosotros.

No pretendemos hacer un tratado de motricidad, ni el libro teórico práctico perfecto. Es más, estamos convencidos que nosotros como docentes aún estamos en formación, construyendo y deconstruyendo nuestras ideas, nuestros pensamientos, nuestras clases, en fin, todo lo que concierne a educar desde la motricidad.

Esperamos que ustedes cuando lean se sientan interpretados con nuestra mirada de laeducación física, que los motive a seguir creciendo profesional y humanamente, pero quetambién haya quienes discrepen abiertamente, no estén de acuerdo, lo piensen de manera distinta; para lo cual dejaremos preguntas, espacios de reflexión, hojas para que ustedes completen con sus convicciones pedagógicas.

p

Este libro pretende ser un aporte en la construcción de personas integrales a partir del desarrollo de la motricidad en la etapa del desarrollo infantil desde la educación inicial hasta mediados de la enseñanza básica de nuestro país (primaria en otros países), considerando que las bases curriculares actuales de educación física incluyen el desarrollo de las capacidades perceptivas, habilidades motoras y cualidades físicas en su elaboración.

Lo que vas a encontrar será un recorrido con las distintas epistemologías con respecto al enfoque motor, sin dejar de lado que somos personas integrales y el área de la motricidad es sólo un ámbito más en el desarrollo holístico, es decir, siempre tenemos que pensar que somos seres sociables, cognitivos, emocionales, etcétera y que todas las áreas se interrelacionan y potencian entre ellas. Por consiguiente, el énfasis estará puesto en el área motora, pero en ciertas páginas les haremos ver cómo se van correspondiendo unas a otras y que todas son importantes y complementarias.

Este libro tiene dos partes: la primera en la cual intentamos desarrollar los conceptos que nos parecen más relevantes en el desarrollo motor de nuestros estudiantes: las capacidades perceptivo-motrices, las habilidades motoras y las cualidades físicas. Acá encontrarás conceptos, definiciones de distintos autores que nos interpretan y luego de cada uno de ellos hemos escrito de qué manera lo hemos puesto nosotros en práctica en nuestras experiencias laborales. No son actividades propiamente tal, sino que sugerencias generales que apuntan a cómo desarrollar cada elemento explicado anteriormente. No es nuestra in- tención crear una receta o un "manual de corta palos", pues lo que queremos es dejar algunas señales u orientaciones que sean mejor elaboradas por tu creatividad y conocimiento.

En la segunda parte presentamos actividades, sin un orden específico ni nada que se parezca a una unidad didáctica. Nos interesa dejar una ficha que analiza las actividades y te entrega orientaciones de cómo elegir las mejores actividades, juegos, ejercicios para tus clases de acuerdo con los aprendizajes que quieras evidenciar en tus estudiantes. También serás tú quién decida cómo usarlas o si prefieres otras que sean distintas.

Somos unos convencidos de la gran capacidad creativa de nosotros como docentes del área. Sólo un ejemplo: después de ver a Neymar exagerar cada golpe que recibe en un partido de fútbol, rápidamente salió la "pinta Neymar" y todos los estudiantes pintados se revuelcan de dolor imitando al futbolista. (la pinta es el clásico juego de persecución también se conoce como tiña, mancha entre otros nombres)

Esperamos de corazón que lo que van a leer les signifique un aporte en su aprendizaje como estudiantes o docentes.

PRIMERA PARTE

DE LA TEORÍA A NUESTRAS PRÁCTICAS:

Creemos importante mencionar algunas definiciones que han ido enriqueciendo nuestra práctica docente a través de los años. Junto con estas compartimos con ustedes la visión conjunta que tenemos sobre este tema, consensuada, con interrogantes, muchas conversaciones, replanteamientos, búsqueda bibliográfica y nuestra experiencia.

En nuestra trayectoria y en el itinerario del libro consideramos que tener claros los conceptos teóricos son fundamentales para poder comprender las distintas fases por las cuales pasamos los seres humanos. Durante nuestro desarrollo motor estos conceptos los abordaremos desde el aporte teórico de diversos autores que se nos presentaron y condujeron nuestro quehacer profesional, tales como J. Díaz, Castañer y Camerino, M. Sérgio, Eugenia Trigo, Gallahue, Wiskstrom, Wallon, Luria entre otros.

La construcción teórica del desarrollo motor tiene distintos enfoques, pues algunos autores pusieron su mirada en su aporte al desarrollo personal de acuerdo con el ambiente y relación con los objetos y los demás. Otros desde el aprendizaje en diferentes contextos escolares, también desde la emocionalidad del ser o de las relaciones sociales que se establecen en las distintas acciones motrices, especialmente en las actividades deportivas, llegando finalmente a comprender la motricidad como un todo holístico que interactúa constantemente en el cotidiano de las personas.

La Educación Física de mitad del siglo XX se enfocó en una mirada dualista del ser humano, en la cual la unidad básica de esta disciplina fue el movimiento. Las personas, especialmente los hombres, se preparaban físicamente con fines militares o de producción, dado el rol en la sociedad. Como escuelas influyentes en el mundo, y también en nuestro país, destacan la alemana y la sueca con una visión centrada en el deporte y en el rendimiento. Han pasado mucho más de cien años desde la creación de la primera escuela de Educación Física y pocas modificaciones han existido en esta mirada con respecto a la formación de profesionales del área.

De aquí en adelante empieza una evolución teórica que influye fuertemente en la disciplina, aunque éstas vinieron de otras disciplinas como la psicología. Hay investigadores y escritores que cuestionan la visión cartesiana del ser humano y asocian el movimiento desde la influencia psicológica, es decir, lo que hacemos depende de la interacción motriz con lo emocional.

En los años 60 y 70, la educación física es un objeto de estudio desde el ámbito de la educación, apareciendo corrientes que la definen desde una visión psicopedagógica e incluso relacional, como paradigma alternativo al dualismo como estructura del ser humano.

En nuestra formación académica también tuvimos algunos docentes que nos mostraronesta línea en la cual el aspecto emocional tiene un alto impacto en la acción motriz. También en estos tiempos empieza a llegar a Chile la información de la psicomotricidad como panacea de la Educación Física y conocimos autores como Le Boulch que con sus escritos ocupó también varias etapas de nuestro quehacer profesional.

Tuvimos la suerte cuando llegó esta tendencia a Chile de ser parte de un proceso que lideró en ese momento DIGEDER (Dirección General de Deportes, hoy Instituto Nacional delDeporte) y poder recibir capacitaciones con esta mirada y luego formar parte de un grupo de profesionales que llevaran a cabo en terreno este enfoque, por lo que nuestros primeros años de titulados, nuestro trabajo se centró en este.

El enfoque de la Psicomotricidad que se empezó a enseñar en Chile en esa época siguió su curso y en la actualidad es una corriente con un enfoque distinto. Para ejercerla, lo recomendable es estudiarla como carrera o formación muy independiente a la Educación Física, ya que los aspectos que se abordan requieren una formación profunda en el estudiosobre la formación de la psiquis humana además de un "trabajo corporal" más específico.

A fines de los años 80 aparece desde la filosofía un cuestionamiento a todo lo realizado por la Educación Física, ya que Manuel Sérgio cuestiona fuertemente haber construido una disciplina desde la base del dualismo cartesiano, poniendo en jaque esta mirada, los conceptos, las intenciones, las evaluaciones y la significancia.

Estas interrogantes a la mirada dualista entrega la posibilidad de cuestionar, pero al mismo tiempo de poder ampliar las experiencias pedagógicas en el campo de la educaciónfísica, pudiendo incorporar así las artes, lo emergente y también los múltiples deportes que existen, es decir, todas las expresiones que, desde lo motricio, puedan experimentarse ensus diversas dimensiones tal como lo describen Castañer y Camerino (1991) quienes definen la actividad del ser humano "desde una triple dimensión: introyectiva, que posibilita el reconocerse a través de la motricidad; extensiva, que nos permite interactuar con el entorno; y proyectiva, que nos facilita la relación con el medio social".

La educación motricia es una mirada holística que invita a la trascendencia del ser humano realizando acciones motrices diversas, llenas de significancias, que van desde el alto rendimiento por elección hasta lo artístico, pasando por todo lo que pueda contribuir a la formación integral y el bienestar de la persona.

Finalmente, lo más trascendente de estos últimos 60 años como evolución de la educación física es el hecho de pasar de ser una disciplina analizada desde otras áreas de estudio hasta el intento de constituirse en un objeto de estudio en sí mismo, aporte que se hizo posible pensar desde la aparición de la "Motricidad Humana" de Manuel Sérgio.

La experiencia nos fue dando cuenta que la formación de las personas en base a la educación física, el deporte y la recreación es un espacio más amplio que sólo el movimiento o el deporte convencional. Es más, aprendimos que a través de la acción motriz los estudian-tes (niños/as y jóvenes) expresan y manifiestan sus emociones, vivencias, experiencias de vida, entre otros aspectos; de los cuales como docentes también nos hacemos partícipes y hoy en día tenemos herramientas que nos permiten abordarlas.

Por eso nuestro enfoque se centra en intentar una formación integral de la persona, que integre la actividad física, el deporte y/o la recreación como un hábito de vida saludable y formador de su esencia y que le permite, además, desenvolverse en su contexto social, sin desconocer el aporte que cada paradigma hizo en determinados momentos de la historia, en distintos países y tipos de sociedad, puesto que de ellos también aprendimos más allá que, hoy no nos represente.

Por lo tanto, el paradigma de la motricidad humana presentada por Manuel Sérgio es el que hoy nos representa de mejor manera debido a su enfoque holístico, que intentamos plasmar en nuestras clases.

Lo que presentamos a continuación es una recopilación bibliográfica que muestra lo que hemos ido llevando a cabo en nuestras experiencias profesionales, la cual queremos complementar con la manera en que nosotros pensamos que se deben desarrollar en las clases o intervenciones de educación física.

No es una propuesta didáctica, sino más bien sugerencias para poder impulsar las ideas, conectarte con tu creatividad y la manera de elegir actividades o maneras de llegar al desarrollo de aprendizajes, habilidades y autoconocimiento de los estudiantes.

En la segunda parte es donde compartimos algunas actividades de una manera particular para encontrar el sentido pedagógico a nuestras planificaciones.

En el siguiente cuadro se observa una comparación entre algunos criterios de la motricidad dualista y la motricidad humana, más holística.

CRITERIOS	MOTRICIDAD DUALISTA	MOTRICIDAD HUMANA HOLÍSTICA
Visión del ser humano.	Visión dualista cartesiana.	Visión holística del ser humano.
Fecha de aparición.	1693	1986
Concepto.	Movimientos complejos y coordinados que realiza una persona y que implican al sistema locomotor, siendo coordinados por la corteza cerebral y estructuras secundarias que lo modulan (RAE).	"Una energía..., que es estatuto ontológico, vocación y provocación de apertura a la transcendencia". (Manuel Sérgio 1999). "El proceso adaptativo, a un medio ambiente variable, de un ser no especializado y, por eso, en el cual el ritmo evolutivo, incluyendo las estructuras del sistema nervioso central es lento, implicando la existencia de una demorada pubertad y de una familia estable y duradera". (Manuel Sérgio 1999). "El proceso creativo de un ser en el que las prácticas lúdicas, agonísticas, simbólicas y productivas traducen la voluntad del hombre a realizarse como sujeto, o sea como autor responsable de sus actos" (Manuel Sérgio 1999).
Autores	René Descartes. John Locke A.	Manuel Sérgio. Edgar Morin. Merlaeu – Ponty. Eugenia Trigo.

CRITERIOS	MOTRICIDAD DUALISTA	MOTRICIDAD HUMANA HOLISTICA
Áreas sobre las que trabaja.	Motora.	Todas las áreas de desarrollo humano.
Objetivo de estudio.	Desarrollo de habilidades motrices.	Desarrollo de diversas habilidades de acuerdo a los intereses de las personas.
Objetivo de la clase.	Rendimiento.	Múltiples posibilidades.
Tipos de actividades.	Deportes/Juegos Dirigido/actividades motrices dirigidas.	Múltiples posibilidades.
Momentos de la sesión.	Calentamiento, parte principal y vuelta a la calma.	Momento de acogida desarrollo despedida.
Evaluación	Cuantitativas	Cualitativas
Lugar	Diversos lugares	Diversos lugares
Competencias especificas profesionales.	Depende de su acción profesional.	Facilitar, mediar, incluir, colaborar, gestionar.
Profesional que lo ejerce.	Profesor de educación física, terapeuta ocupacional, kinesiólogo, preparador físico, entrenador deportivo.	Profesor de educación física.

Cuadro 1: Comparación entre motricidad dualista y holística. Elaboración propia.

<u>Desarrollo Motor</u>

El desarrollo motor es solo un ámbito del desarrollo integral humano, que, sin duda, para los docentes de la educación física cobra importancia porque es el elemento visible de nuestras acciones. La siguiente imagen muestra la visión que tenemos sobre el desarrollo del área motriz como parte de un todo interconectado en el desarrollo humano.

Esquema 1: Desarrollo humano

Durante años se llegó a determinar sus etapas evolutivas desde otras ciencias como la psicología, la sociología; como también hoy es parte de la Motricidad Humana, siempre recibiendo aportes de otras áreas, siendo quizás una de las más recientes aquellas que provienen de la neurociencia.

Keogh en 1977 definía el desarrollo motor como un área que estudia "los cambios en las competencias motrices humanas desde el nacimiento hasta la vejez, los factores que intervienen en dichos cambios, así como su relación con los otros ámbitos de la conducta."(Revista Fuentes, 2008), es decir, es un proceso que nos acompaña durante toda nuestra existencia, por lo tanto, es susceptible de estimular intencionadamente durante toda la vida, aun existiendo una involución natural durante la vejez.

Schilling lo define como "un proceso de adaptación que determina el dominio de sí mismo y del ambiente, pudiendo ser capaz de utilizar sus capacidades motrices como medio de comunicación en la esfera social, manifestándose una progresiva integración motriz que comparte diversos niveles de integración y aprendizaje", haciendo hincapié en que todas nuestras acciones motrices son parte de la interacción con uno mismo, los objetos y los demás; manifestándose de distintas maneras en las diferentes etapas de la vida asociadas a las relaciones sociales y las posibilidades de aprendizaje.

Arnheim y Prentice (2001): "El desarrollo motor es un proceso continuo y secuencial que resulta de la interacción de los procesos madurativos y de la experiencia. Se caracteriza por la adquisición de patrones motores básicos que progresan hacia la especialización y la diversificación".

Haywood y Getchell (2009): "El desarrollo motor es un proceso continuo y secuencial de cambio en la habilidad motriz que ocurre en las personas durante toda su vida"

Es nuestra convicción que cuando intervenimos en el desarrollo motor de nuestros/as estudiantes, ellos/as tienen más posibilidades de crecer en las distintas áreas de su formación como la emocional, la social, la ética, la cognitiva entre otras; porque todas se interrelacionan o coexisten retroalimentándose unas con otras.

Algunos ejemplos que se nos vienen a la memoria son aquellos estudiantes que por medio de juegos logran trabajar cooperativamente, desarrollando el trabajo en equipo o la empatía, seguramente son personas más sociables y dispuestas a ser inclusivas. Aquellos que por medio de la adquisición de la percepción espacial y temporal logran el aprendizaje de conocimientos cognitivos como la lectura, las aritméticas o la geometría, luego desarrollarán de manera más eficiente el pensamiento abstracto. También podemos mencionar como la adquisición de habilidades motoras en el contexto de juegos o deportes permiten el aprendizaje de las reglas y el respeto por ellas, siendo un aporte a la formación ciudadana.

Recordamos una niña de aproximadamente 6 años, María Ignacia, con un buen desarrollo de sus habilidades motrices, pero que no quería subir el cerro por miedo a los insectos. Durante la salida pedagógica de una clase de educación física, tuvo la oportunidad de realizar actividades en las cuales ella se desenvolvía con facilidad, como descender parte del cerro sentada en un cartón, lo que le ayudó a olvidar sus temores y disfrutar de la experiencia.

Otra situación fue la de Matías de 9 años quien presentaba la condición de disfemia (tartamudez), pero en las clases de educación física en actividades donde se sentía seguro e incluido, lograba dejar de tartamudear, por ejemplo, al cantar las típicas canciones que acompañan saltar la cuerda.

"El desarrollo motor se considera un proceso secuencial, continuo y relacionado con laedad cronológica por la cual los humanos adquieren una enorme cantidad de habilidades motoras, que progresan desde movimientos simples y desorganizados hasta la implementación de habilidades motoras altamente organizadas y complejas." (Willrich, Azevedo y Fernandes,2009).

Nos parece interesante esta definición porque asocia el proceso cronológico del desarrollo motor, con la complejidad que van adquiriendo las distintas habilidades y capacidades a lo largo del tiempo colocando el énfasis en el grado de organización de aquellas y, de algún modo, nos acerca a la estructura curricular nacional de educación de párvulos, básica y media en el desarrollo de actividades recreativas, deportivas, artísticas y culturales. Sin embargo, después de muchos años de discutir, revisar y seguir debatiendo la propuesta curricular nacional, la cual la tenemos como lectura permanente, por diversos motivos comosu enseñanza, extracción de ideas, y últimamente discusiones para su mejoría, llegamos a un consenso que a pesar de que es un propuesta que pretende ir de lo más simple a lo más complejo, no lo logra del todo y que además acota mucho las propuestas motrices restringiendo el acervo motor sólo a lo tradicional histórico deportivo.

Si bien tenemos claro que es sólo una propuesta mínima y que desde ahí se pueden hacer muchas posibilidades motrices, si un docente solo quiere basarse en el currículo nacional como guía, éste se vuelve limitado.

Volviendo al tema de la complejidad de las propuestas, consideramos que la progresión como tal no queda del todo claro, ya que aparecen situaciones predeportivas, cuando los niños aún no tienen total conciencia de todo el desarrollo de sus habilidades motrices para esa tarea motriz específica o deportes colectivos cuando aún no están del todo asentados los deportes individuales como el atletismo y gimnasia (suelo) que dan un base de capacidades perceptivas motrices, muy sólidas y eficientes.

Misma situación si se revisa la línea de bailes folclóricos, estos que son muy ricos en nuestro país y en general en Latinoamérica completa, también se pueden ordenar por complejidad de la tarea, existiendo unos bailes mucho más simples de ejecutar, incluso se podrían ordenar por zona y complejidad para así no repetir para los cursos más básicos

Se vuelve urgente incluir actividades motrices emergentes, ya que tienen cuatro particularidades que nos gustan mucho: la novedad, volviéndose muy atractivo para los escolares, sobre todo los de enseñanza media, que pierden un poco el interés en nuestra actividad si se les presenta todos los años lo mismo (deportes tradicionales); la riqueza en desarrollo de habilidades; que son actividades fáciles de observar y encontrar en el entorno común de los escolares fuera del colegio, como por ejemplo en las plazas o lugares públicos realizado una acción en la socialización muy importante en la pre adolescencia y adolescencia. La tercera particularidad es la facilidad de implementar estas actividades fuera del colegio prolongando el espacio lúdico y motriz más allá de la clase y finalmente que son deportes no conocidos por nuestros estudiantes y que al momento de enseñarlo, se puede hacer sin estereotipos de género, sin esta carga histórica que acompaña a los deportes tradicionales siendo un aporte a la educación no sexista.

También, nos parece relevante definir el concepto de motricidad. Si bien es cierto que hay muchas definiciones sobre esta, las siguientes van desde las primeras concepciones, no tan integrales, hasta los paradigmas más modernos.

En este sentido damos a conocer la definición de Smirnov Y.I (1977) que entiende la motricidad humana como "un conjunto de propiedades innatas o adquiridas del organismo para reaccionar con la ayuda del aparato motor a estímulos internos o externos bajo la forma de movimiento" citado por Tsvetan Z, en 2019.

Murcia Peña (2003) la define como "la capacidad de movimiento fisiológico e incluso orgánico que se asocia con lo motriz o fuerza impulsora de algo", considerando en esta definición que este concepto nace desde las influencias biológicas y psicológicas que hay sobre este tema.

Considerando conceptualizaciones que comienzan con una visión más holística podemos mencionar a Da Fonseca que define "la ontogénesis de la motricidad es el corolario de las dos herencias: la biológica y la social. No es un estado abstracto, sino "la capacidad de desarrollar el propio potencial personal y responder de forma positiva a los retos del ambiente. Además, es una de las características principales de los seres vivos, y debido a esta particularidad podemos interactuar con las demás personas, objetos y cosas".

El salto cualitativo más importante y determinante de la motricidad es dado por Manuel Sérgio, quien propone esta nueva perspectiva mencionando que "la ciencia de la motricidad humana exige el paso, en la investigación y en las aulas y en los entrenamientos y en las competiciones y en las técnicas de salud, del cuerpo-objeto al cuerpo-sujeto (yo soy mi cuerpo) y al fin de todos los dualismos tradicionales: cuerpo-espíritu, hombre-mujer, señor-siervo, etc. El cuerpo no se reduce a un simple organismo, él es una red de intencionalidades, un horizonte de posibilidades". (cit. en Trigo y Montoya, 2007)

El mismo Sérgio (1996) afirma que la motricidad a diferencia del movimiento "excede el simple proceso espacio-temporal, porque se sitúa en un proceso de complejidad humana cultural, simbólica, social, volitiva, afectiva, intelectual y por supuesto motor. En consecuencia, el movimiento es una de las manifestaciones de la motricidad, centrado en un ser humano multidimensional y en un movimiento intencional que genera trascendencia".

Eugenia Trigo (2000) define que "la dimensión conceptual de la motricidad excede el simple proceso espacio-temporal, para situarse en un proceso de complejidad humana: cultural, simbólico, social, volitivo, afectivo, intelectual...y por supuesto, motor. El movimiento es una de las manifestaciones de la motricidad, que lo desborda en complejidad".

Por último, Marambio Paola la define como "la capacidad del ser humano para generar acción (movimiento con intención), que ayuda a la construcción y superación de un individuo, (trascendencia) en diferentes planos tales como: lo corpóreo, lo social, lo político y lo espiritual, que se manifiesta de manera creativa en diversos medios o expresiones como las artísticas-culturales, deportivas o cotidianas que pueden consolidar a esta persona y preservar su cultura". (Marambio, 2008)

Creemos que después de exponer estas definiciones nuevamente hay que replantearse qué estamos haciendo a nivel escolar con la motricidad, ¿realmente estamos dando el espacio para que nuestros escolares puedan manifestarse de manera creativa?, ¿tenemos demasiadas actividades donde sólo hay que replicar?, ¿las propuestas de actividades que hacemos permiten a un niño/a o joven poder construir su corporeidad de una forma simbólica? o ¿le damos espacio para poder desarrollar un ser humano multidimensional como propone Sergio?

Cabe reflexionar aquí varias situaciones: primero qué concepto tenemos aún sobre el ser humano motriz que queremos formar, sobre los contenidos culturales que estamos inculcando, sobre el legado de hábitos saludables que estamos formando. ¿Lo estamos logrando? (las estadísticas nacionales comprueban que no. Y, ¿por qué no?, ¿qué podemos mejorar?).

Las metodologías y didácticas de las clases, los tiempos de dedicación dentro de la clase, pero también las que están fuera de la clase, ¿los padres y apoderados están aportando, valorando, apoyando o promoviendo como lo hacen con otras asignaturas? (¿qué estamos haciendo para concientizarlos e involucrarlos a ellos también?). El currículo nuevamente, que ya abordamos, tiene muchos aspectos que debemos repensar, para que los escolares signifiquen la acción motriz, como parte importante de su desarrollo, como parte a seguir explorando en su vida, y por el resto de su vida. La concientización quizás está demasiado olvidada y hay que promoverla para lograr una adherencia en el colegio que trascienda para el futuro.

A continuación, te invitamos a crear tu propio concepto de motricidad humana en el recuadro:

Mecanismos perceptivos

Es importante, antes de profundizar en el concepto y los tipos de percepciones, comprender la diferencia entre sensación y percepción, las cuales suelen confundirse usándolas como sinónimos, pero son distintas.

Sensación

La sensación se refiere a experiencias inmediatas básicas, generadas por estímulos aislados simples (Matlin y Foley 1996). La sensación también se define en términos de la respuesta de los órganos de los sentidos frente a un estímulo (Feldman, 1999). Se ordenan en exteroceptivas, propioceptivas e interoceptivas. La siguiente tabla considera la manera en que el cuerpo las distingue tanto desde su exterior como interior y los órganos que intervienen en este proceso.

Exteroceptivas	Propioceptivas	Interoceptivas
Toman información del exterior.	Toman información del exterior e interior.	Toman información del interior.
A través de los sentidos de audición, olfato, vista, tacto y gusto.	A través del sentido cinestésico y vestibular.	A través de cientos de receptores repartidos por todo el cuerpo humano
Se puede intervenir como profesional de la educación física.	Se puede intervenir como profesional de la educación física.	No se puede intervenir como profesional de la educación física.

Cuadro 2: Sensaciones. Elaboración propia.

Cuando estimulamos la sensación exteroceptiva, ponemos en acción los distintos sentidos (visión, audición, etc.) cuya información permite a los estudiantes construir su percepción que, a su vez, les ayuda a desarrollar habilidades en diversos planos, como el motor o el cognitivo. Un elemento importante que considerar es que en las clases preferentemente ocupamos la visión, la audición y el tacto, dejando de lado el olfato y el gusto; por lo cual no está demás mencionar que estos sentidos también los podemos incorporar dentro de nuestro quehacer.

A través de estos sentidos, siguiendo a Jordi Díaz Lucea, tenemos la capacidad de experimentar la discriminación visual por medio de la agudeza, el seguimiento, la memoria, la diferenciación de figura/fondo y la estabilidad perceptiva; la discriminación auditiva por medio de la agudeza, el seguimiento y la memoria; y finalmente, el tacto a través de la agudeza, precisión y diferenciación. El gusto y el olfato lo podemos desarrollar a través de la precisión sensorial principalmente.

Otro tipo de sensaciones que son la base de las acciones en las clases de Educación Física son las propioceptivas, las cuales incluso desde el momento del nacimiento están presentes en la historia de la persona. Cuando un adulto responsable y afectivo mece al bebé, juega a distintos balanceos, ejerce el porteo o juegos corporales como el clásico "avioncito"; provoca sensaciones que derivarán en percepciones que, a su vez, condicionarán de alguna manera las acciones motrices.

La estimulación intencionada de las sensaciones propioceptivas desde las edades tempranas va formando la noción corporal. Una vez que se ingresa al sistema escolar es importante continuar con su desarrollo con el fin de poder registrar la mayor cantidad de experiencias dentro de la clase de educación física como rodar, los volteos, las inclinaciones, el juego de desequilibrios a propósito para poder recuperar el equilibrio.

A través de esta gama de sensaciones se provoca en el estudiante un sin fin de posibilidades perceptivas (tema que viene a continuación) las cuales pueden ser placenteras o displacenteras, pero necesarias de experimentar porque son la base de los ajustes corporales de la mayor parte de las acciones motrices que realizamos en nuestra cotidianeidad y también las distintas manifestaciones motrices que conocemos.

Algunas maneras de aplicar las sensaciones corporales propioceptivas dentro de la clase son a través de actividades que impliquen elementos o planos con declinaciones. Un ejemplo clásico de esta situación es una banca sueca afirmada en alguna altura, dandola posibilidad de declinación, pudiendo ser utilizado para trepar hacia arriba o deslizarse hacia abajo, pero también tratar de sostenerse o colgarse o buscar nuevas posibilidades.

Otra clásica actividad es jugar al desequilibrio en altura con pequeñas vigas, con diversos anchos logrando que los estudiantes vivencien los ajustes corporales necesarios para no caerse de ésta.

También se puede experimentar con maneras menos clásicas, pero recientemente incorporadas al plano escolar como son los elementos del circo, con posibilidades de rola, mano a mano, ejercicios acrobáticos, etcétera.

Dentro de algunas manifestaciones emergentes podemos mencionar las posibilidades que entregan el parkour y el slackline para realizar sensaciones propioceptivas ampliando el abanico de posibilidades, desde las cuales se pueden ir adaptando o creando nuevas acciones motrices.

Recordando las influencias o inicios de la aplicación en nuestras aulas de clase de las actividades emergentes, además de como las adquirimos y su implementación como ha sido desarrollada, tenemos orígenes y tiempos distintos, pero un pasado común, nuestros juegos y experiencias infantiles.

Coincidentemente a ambos nos gusta mucho la realización de actividades motrices y tenemos muchas horas de juego, por lo que buscar alternativas para la innovación constante de las clases es un sello común. Junto con esto en la formación de pregrado tuvimos la suerte de pertenecer a un grupo de acción y organización de la Coordinación de Extensión, donde además de aprender a gestionar muchas capacitaciones, pudimos vivenciar lo más novedoso que estaba pasando en el ámbito de lo motriz. Ambas situaciones son claves a la hora de pensar en nuestro quehacer pedagógico ya que nos permite tener una visión proactiva y estar en constante búsqueda de "lo alternativo" al currículo propuesto.

Ejemplos tenemos muchos, pero relatamos algunos:

En un taller de patinaje tradicional que lo ejercía una entrenadora de patinaje, con niños de kinder y 1° básico, a mitad de año lo deja por motivos de tiempo, lo tomo yo (Paola) y en ese momento en la televisión abierta existían unos dibujos animados llamados rockets power que eran niños, niñas y preadolescentes que realizaban muchos deportes sobre ruedas (patines skates, hockey, etc.). Esos dibujos animados eran famosos en esa época por lo que al tomar el taller lo transformé en un taller de "patín extremo" y lejos de hacerlo convencional tenían que saltar rampas pequeñas, hacer bajadas, aprender a caer sin lesionarse etc. La recepción de los niños fue increíble y además muchos más niños y niñas (niñas en esa época estaba todo muy restringido o estereotipados por género para ellas) quisieron entrar al taller, convirtiéndose en uno de los talleres más cotizados en el colegio, y posterior a esto se extrapola al taller, realizando en la misma clase de educación física la unidad de equilibrio dinámico, con esta propuesta "todo sobre rueda" donde los niños podían ir a la clase con bicicleta, skate, scooter patines o lo que tuvieran en sus casas para vivenciar e intercambiar experiencias motrices de una forma distinta.

Otro ejemplo es el circo. Debido al impacto que tuvo en Chile Cirque du Soleil en su primera visita a nuestro país, y la posibilidad de verlos en vivo, fue el detonante para introducir circo en las clases, hacer la unidad de circo con las habilidades gimnásticas perocon aplicación a lo circense, esto fue aplicado con bastante éxito desde un jardín infantil hasta capacitaciones con adultos, desde esa época año 2006 hasta ahora, aumentando cada vez más los elementos que se pueden desarrollar (equilibrio en rola, malabarismos, tela , clown, mano a mano entre otras posibilidades).

Otra experiencia que ha sido exitosa en nuestro que hacer fue introducir en las clases de pre kinder, dentro del contexto del desarrollo del equilibrio, clases con patinetas y scooters en las cuales los y las pequeñas estudiantes podían explorar distintas maneras de trasladarse en ellos de manera libre, sin ningún tipo de fundamento técnico para no limitarel acervo motriz. Puedes ver cómo afloran las distintas experiencias de vida en la acción motriz observando desde niños/as que no lo hacen si no es con ayuda hasta otros/as que incluso intentan hacerlo parados/as sin haber tenido prácticas previas.

Sumado a lo anterior, podemos agregar todas aquellas actividades que derivan de algunas habilidades motrices de estabilización como colgarse con las manos, colgarse con los pies, balancearse con el abdomen, balancearse en una barra o columpio, girar sobre el pro-pio eje corporal, girar en un objeto en movimiento, girar con un compañero/a, entre otras.

Nosotros trabajamos así las sensaciones, ¿cómo trabajas tú las sensaciones en tus clases?
Te invitamos a anotarlo en el siguiente cuadro:

<u>Percepción</u>

La percepción incluye la interpretación de esas sensaciones, dándoles significado y organización (Matlin y Foley 1996). La organización, interpretación, análisis e integración delos estímulos, implica la actividad no sólo de nuestros órganos sensoriales, sino también de nuestro cerebro (Feldman, 1999).

La percepción en sí constituye un proceso complejo e integrador, en la cual los órganos de los sentidos (sistema táctil, sistema auditivo, sistema olfativo, del gusto y sistema visual), captan los estímulos y transmiten la información a las áreas respectivas del córtex cerebral, donde se desencadenan los procesos de organización, procesamiento, análisis e interpretación de las sensaciones.
Algunos ejemplos son:

Acción	Sensación	Intervención de crianza y creencia (puede ser positiva o negativa)	Percepción (puede ser positiva o negativa)
Subir un árbol	Visual: altura y forma del tronco. Táctil: textura del tronco del árbol Olfativa: aroma de árbol	"No te subas que te puedes caer".	Subir árboles, es muy peligroso, mejor no hacerlo.
Escuchar a un pianista clásico.	Auditiva: volumen y tono de las notas.	"La música clásica relaja".	Escuchar música de piano con volumen bajo y tonos graves es muy agradable para descansar.
Girar	Cinestésica: sentir la posición del cuerpo girando en su propio eje. Vestibular: mantención del equilibrio corporal mientras se gira.	"Deja de dar vueltas que vas a vomitar"	Placentera: felicidad, goce y libertad. Displacentera: mareo
Desequilibrarse y equilibrarse	Vestibular: sensación de perder el equilibrio para recuperarlo.	"Ten cuidado que te vas a caer".	Placentera: control, de éxito frente a las fuerzas externas, triunfo. Displacenteras: miedo, inseguridad, peligrosidad.

Cuadro 3: Tránsito de la sensación a la percepción en una acción motriz. Elaboración propia.

p

En este punto es importante aclarar que las percepciones son personales e intransferibles, que están altamente influenciadas o teñidas por el contexto donde se desenvuelve la persona, es decir, por crianza, contexto y creencia. A veces, y sólo a veces, las personas coinciden en sus percepciones y esto pareciera que es una realidad, pero hay tantas realidades perceptivas como seres humanos hay en el planeta, y estas tienen una valoración dependiendo de la sociedad que está construyendo y deconstruyendo permanentemente. Por lo mismo se dice "que sobre gustos no hay nada escrito".

Es interesante hacer una reflexión en torno a que las propuestas que los docentes realizamos en el colegio en general tienden a provocar a los estudiantes situaciones placenteras, pero puede haber estudiantes que quizás no lo pasan bien haciéndolas, provocando displacer. Frente a situaciones como estas es importante validar lo que siente el estudiante en ese momento y más que buscar cambiar la actividad es invitar a los estudiantes a vivenciarlas y ver qué pasa con eso que les provoca ese desagrado, tratar de aceptar lo vivido y seguir experimentando, sobre todo en las acciones que tiene que ver con las sensaciones consiguiendo tener un amplio registro de percepciones placenteras y displacenteras.

Hay muchos estudiantes con hipersensibilidad frente a determinadas sensaciones exteroceptivas y propioceptivas. Acá describimos un par de ejemplos que seguro a más de algún lector, como también a nosotros, le ha sucedido:
José de 5 años, tiene fobia a los globos. Cuando se presentó este material para jugar en una clase, los vio y salió corriendo sin control del lugar de juego. María de 6 años en una actividad donde con un lápiz de tinta (típico bic) se les marcó una cruz para hacer una pinta se le inflamó la mano completamente por que sufrió una reacción alérgica.

Paola de 6 años en una clase donde hubo volteretas quedó tan mareada que después tuvo que ir al médico. Se descubrió que tenía un síndrome de cinetosis.
Como los anteriores, hay varios ejemplos más como niños/as que sienten sonidos más fuertes, que tienen hipersensibilidad táctil, entre otras, por lo que las percepciones son únicas, exclusivas y además intransferibles.

Esto hay que tenerlo muy presente para individualizar las tareas motrices si es necesario, o al menos no forzar situaciones, cuando se sabe que existe alguna alteración en la sensibilidad de base como el trastorno del procesamiento sensorial o trastorno de integración sensorial, debido a que la dificultad para procesar la información sensorial influye en la capacidad para

aprender, regular su comportamiento, integrarse socialmente con otros/as, desarrollar la autoestima y adquirir el control motriz, especialmente en lo que se refiere a las praxias.

Es probable que al no tomar en cuenta estas consideraciones los estudiantes puedan presentar situaciones de ansiedad, baja autoestima y aislamiento social; lo cual se refleja en su comportamiento; que, además interfiere el funcionamiento de la clase por las características propias de nuestra asignatura donde la interacción entre los estudiantes es una de las riquezas que más hay cuidar y valorar. No es menor que se estima que alrededor del 3% de los estudiantes tengan algún tipo de Trastorno de Procesamiento Sensorial (TPS).

Unas preguntas que nos podemos hacer pensando en nuestras realidades educativas son: ¿contamos con las herramientas y conocimientos necesarios para detectar, determinar y observar TPS en nuestros estudiantes?, ¿existen en nuestros centros educativos equipos interdisciplinarios que acompañen el trabajo de nuestra asignatura con estudiantes que presentan TPS?, entendiendo que somos seres holísticos, ¿en nuestros centros educativos hay trabajo en conjunto de Educación Física con el Proyecto de Integración Escolar

Como bien sabemos la percepción es la base de la construcción de la visión del mundo que tiene la persona. Por medio de ella el individuo se reconoce e interactúa con los objetos y los demás. Deberíamos cuestionarnos ¿En nuestras clases de Educación Física y Salud propiciamos actividades que permitan a nuestros estudiantes de educación de párvulos explorar sus sensaciones y percepciones?

Para poder resolver estas preguntas, sugerimos que las actividades que desarrollemos con los estudiantes les permitan en primer lugar tomar conciencia de sus propias sensaciones y percepciones, dando la libertad de poder realizar la construcción de su percepción.

Esto se evidencia en que las actividades para algunos estudiantes van a transitar por el placer, mientras que para otros el displacer, sin pensar que lo último puede ser erróneo; al contrario, también permite al estudiante conocer lo que le agrada y lo que no, como también al grupo descubrir la diversidad y la individualidad de sus pares.

Junto a ello, es importante crear momentos de metacognición que permitan a los estudiantes gestionar su emocionalidad, adaptarse a las distintas circunstancias, descubrir necesidades y aprovechar oportunidades, como también encarnar ese aprendizaje para que sea significativo y trascendental para la vida.

En este aspecto, si bien las percepciones a la vista pueden ser coincidentes en algunos estudiantes, no podemos olvidar que son individuales, únicas e intransferibles, lo que re- fuerza la importancia del respeto a la individualidad.

p

Las actividades deben ser orientadas a la percepción exteroceptiva para que interactúen con los estímulos del medio externo y propioceptiva para que los estudiantes aumenten la conciencia de las posibilidades de la corporeidad.

Todo lo anterior lo podemos aplicar en nuestras clases en actividades donde los estudiantes identifiquen colores, clasifiquen figuras, discriminan sonidos agudos y graves, asocian sonidos a distintas actividades, diferencien pesos y tamaños a través del tacto, realicen ajustes corporales de acuerdo con las superficies donde se encuentren, diferenciar temperaturas, reconocer sabores, olores, seguir secuencias auditivas, visuales, táctiles, entre muchas otras posibilidades.

Algunos ejemplos de actividades que hemos realizado en clases en las que puedes intencionar el trabajo sensorial y/o perceptivo están en la segunda parte de este libro en las fichas número 17, 20, 24.

La tendencia en nuestro modelo educacional chileno es hacer este tipo de actividades preferentemente en las edades tempranas y dejar de hacerlas hacia la mitad de la enseñanza básica para dar paso al desarrollo de habilidades especializadas, no obstante, creemos que siempre es bueno retomar este tipo de actividades en todas las edades porque la corporeidad se va educando y reeducando en las distintas etapas del crecimiento.

Desde tu realidad educativa, ¿De qué manera desarrollas las sensaciones y percepciones de tus estudiantes? escríbelo a continuación.

CAPACIDADES PERCEPTIVO-MOTRICES

¿Qué son las capacidades perceptivo-motrices?, ¿Qué sentido tiene desarrollar las capacidades perceptivo-motrices en el contexto escolar?

Las capacidades perceptivo-motrices son aquellas que se desarrollan por la interacción que se produce entre la información que recibe el sistema nervioso central a través de los distintos estímulos que se recogen tanto del medio externo al cuerpo, como de la información interna del cuerpo. Éstas se manifiestan a través de la acción motriz principalmente por medio de movimientos voluntarios, lo que las constituyen en componentes importantes del desarrollo perceptivo motor.

Guío (2009), hace referencia a esta interacción sensorial con el medio externo e interno aludiendo a "los movimientos ajustados y organizados en relación con el entorno (estereognosia) y con el propio cuerpo (somatognosia)".

Castañer y Camerino (1992), las definen como "el conjunto de capacidades directamente derivadas y dependientes del funcionamiento del sistema nervioso central". El desarrollo de las capacidades perceptivo-motrices permite el autoconocimiento del individuo y su relación con su entorno físico y los demás.

Diferentes estudios determinaron la participación o influencia de las capacidades perceptivo-motrices en el aprendizaje, lo cual ha sido un beneficio para integrarlas dentro del sistema escolar. Por ejemplo, la percepción espacial influye en el aprendizaje de la lectura, pues hay culturas que leen de izquierda a derecha, otras de derecha a izquierda e incluso de arriba hacia abajo. Algo parecido ocurre en las matemáticas, donde se puede sumar de derecha a izquierda o de arriba a abajo.

Es importante clarificar que estas capacidades perceptivas, igual que la percepción, son personales e intransferibles; condicionadas por lo biológico, la experiencia, las posibilidades que brinda el entorno e interrelacionadas en todo momento. Son las bases estructurales para el desarrollo de las habilidades motrices básicas, habilidades en otras áreas, como desenvolverse en la vida cotidiana.

Entonces, ¿qué sentido tiene desarrollar las capacidades perceptivo-motrices en el contexto escolar?

Cuando la persona no ha desarrollado dichas capacidades de forma eficiente, las cuales son en relación con uno mismo y con el entorno, puede producir un rezago del desarrollo motor, en cuanto a la maduración de las habilidades motoras con todo lo que aquello impacta en la acción motriz como unidad base de la interacción de ésta consigo mismo y el mundo que lo rodea.

Estas capacidades son fundamentales cuando ponen en contacto a la persona con su entorno, porque influyen en el desarrollo de diferentes habilidades y, por lo tanto, en el completo desarrollo de un individuo.

De ahí la trascendencia de organizar los espacios educativos de nuestra asignatura considerándose explícitamente en nuestras planificaciones a lo largo de toda la escolaridad con énfasis en los párvulos, ya que están en la construcción de su corporeidad.

Los invitamos mientras tanto a escribir las respuestas que ustedes darían a esta pregunta:

¿Qué sentido tiene desarrollar las capacidades perceptivo-motrices en el contexto escolar?

Respiración

La respiración generalmente se considera como un elemento vital, al cual no se le da más importancia que esa. Si respiramos estamos vivos, si no respiramos estamos muertos. Pero, la respiración es más determinante de lo que el común de las personas creemos. Seguramente no imaginamos su influencia en el aprendizaje escolar, en el desarrollo de la condición física, en la gestión de las emociones, en la ayuda que representa en la toma de conciencia de nuestro cuerpo y/o cómo puede influir en la toma de decisiones.

Seguro pensamos que la respiración no se educa, no se puede intervenir en su desempeño, que no puede ser determinante en la eficacia de nuestras acciones, pero estamos equivocados, pues es muy significativa y debe tener un espacio prioritario en nuestras prácticas educativas en las edades tempranas porque su control y manejo tiene muchos beneficios en esa etapa de la vida y también en el largo plazo cuando ya somos adultos.

De manera muy somera, haremos mención del mecanismo de la respiración para recordar su función dentro del ciclo de vida. Para McArdle, Katch y Katch (1990) es "el intercambio de algunos gases disponibles en el medio ambiente (agua o aire) con la maquinaria celular encargada de la transformación de energía de trabajo", cuyo objetivo es obtener oxígeno del medio ambiente para producir nutrientes y eliminar desechos como el dióxido de carbono.

El proceso de la respiración tiene varias etapas. Algunos autores mencionan la respiración como el proceso que se realiza al interior de la célula, conocido como respiración interna (respiración celular) y la ventilación que es el intercambio entre el exterior y el interior, conocido como respiración externa; mientras que Rabadan de Cos y Rodríguez (2010) mencionan estos dos procesos, pero además distinguen uno intermedio que denominan transporte de O2/CO2 en la sangre.

Además, existen tipos de respiración, en los cuales no vamos a profundizar, pero sí mencionaremos: abdominal, torácica, clavicular y completa (combinación de las tres anteriores).

A partir de lo anterior, ¿podemos pensar que este proceso fisiológico es educable?

¿Que efectivamente tiene participación en procesos educativos, de desarrollo o puede mejorar nuestro potencial cognitivo? Pues hay evidencia científica que avala estos hechos; pero lo que más nos ha llamado la atención es la connotación de que hay poco interés y preocupación por educar la respiración y que estudios en las edades preescolar y primaria no existen.

Si bien es cierto que en los Planes y Programas de Educación Física y Salud existe una mención del concepto de respiración en sus objetivos de aprendizaje, éste se refiere únicamente al reconocimiento de la frecuencia respiratoria cuando se hace ejercicio y tomar registro de esos cambios respiratorios. En ningún nivel escolar se considera la respiración como contenido de aprendizaje, donde niños y niñas puedan entender la importancia, las formas de ejecución y la influencia de la respiración en la regulación de las capacidades perceptivas motrices.

De acuerdo con lo anterior, es importante que la respiración sea educada y considerada como un factor de equilibrio para sobrellevar distintos aspectos de la vida escolar tanto en el aula como en los espacios abiertos, porque tomar conciencia de nuestra respiración permite al estudiante saber cómo se siente, si está tranquilo/a, nervioso/a y gestionar las emociones ante distintos estímulos perceptivos.

Intentando mencionar aspectos que se van desarrollando desde las edades tempranas hacia la edad adulta, la respiración influye en el aumento de la propiocepción o la manera en que se toma conciencia del cuerpo (músculos) en el espacio, mejora las conexiones sinápticas, mejora la capacidad de tomar decisiones, el manejo de las emociones, la concentración y el aprendizaje de conceptos; esto último muy vinculado a aprendizajes cognitivos. En este aspecto, nuestra labor desde la educación física puede ser determinante como lo mencionan (Wittberg, Cottrell, Davis & Northrup, 2010) cuando exponen en un estudio que la "aptitud cardiorrespiratoria puede influir positivamente en la función cognitiva de los estudiantes, por lo tanto, aumentar la cantidad total de tiempo dedicado a la educación física en el currículo escolar podría ser una estrategia interesante para mejorar el rendimiento académico".

En la misma línea también está comprobado que el proceso de respiración educado permite mejorar la condición física por medio del incremento de la capacidad aeróbica la cual tiene su fase crítica de desarrollo en la adolescencia entre los 15 y 17 años y su mayor capacidad entre los 20 y 30 años.

Citando a Baena-Extremera que dice "no en vano, esta capacidad de la condición física es la más estudiada, pero no en edades tempranas, sino que en la etapa universitaria". A.; Ruiz-Montero, P.J. (2015), es el componente de la condición física relacionado con la salud más estudiado y a su vez, representa una de las cualidades más importantes de la condición física relacionadas con la salud, ya que constituye una medida directa del grado general de salud y de manera específica del estado del sistema cardiorrespiratorio".

Aquí cabe dejar una invitación a los lectores a motivarse con realizar estudios que sustenten evidencia de la importancia de un trabajo sistemático de la respiración en la edad preescolar y primaria.

Cuando pensamos en actividades que se pueden realizar con la respiración dentro de la clase, generalmente lo hacemos en un plano para volver a la calma al final una sesión, pero la respiración debería estar incluida dentro de nuestras planificaciones con la importancia que esta se merece como tal, es decir, con la intención de educarla desde muy pequeños.

Una sugerencia para desarrollar de mejor forma es partir siempre con el hábito de sonar la nariz y tener la consideración de no caer en la hiperventilación, de modo que a partir de estas dos acciones se puedan realizar actividades naturales como soplar dientes de león (planta), inflar globos, apagar velas, hacer girar remolinos, burbujas de jabón, desplazar una pelota de tenis de mesa soplando con una bombilla, todas las cuales son muy atractivas en edades menores. También hacer que una pelotita de tenis de mesa pase por laberintos, caminos que sigan trayectorias o incluso jugar partidos de ping pong fútbol con situaciones más elaboradas como un tablero con arco. Además, transversalmente con la música todos los instrumentos de viento y cantar favorecen al control respiratorio.

Otro ejemplo puede ser la utilización de la meditación, cuya técnica del mindfullnes utiliza la respiración como una acción fundamental para cumplir con el objetivo de observar la realidad en el momento presente, sin prejuicios, con apertura y aceptación; la cual perfectamente puede ser utilizada en las clases de educación física.

Finalmente, podemos decir que la respiración cumple una función fundamental desde el punto de vista fisiológico, pero además tiene muchos beneficios en distintos ámbitos de la persona. Algunos de ellos son:

Aprendizaje: mejora la atención y la memoria, mejora las habilidades de pensamiento, in- fluye en la adquisición de la lecto escritura, en la lógica matemática y promueve la creatividad.

Psicológico: baja los niveles de estrés, aumenta la concentración y produce cambios positivos en la conducta y en el manejo de emociones, mejora la autoestima y la toma de decisiones.

Social: promueve el trabajo en equipo, mejora las relaciones interpersonales, aumenta la capacidad de escucha.

Biológico: además de la función vital del intercambio gaseoso, crea neurogénesis y brin-da energía.

Realiza el siguiente ejercicio cuando te sientas estresado. Lo puedes aplicar con tus estudiantes cuando están más inquietos de lo que quisieras.

En posición sentado, con las piernas cruzadas o acostados o sentados en su asiento de la sala, colocar las manos en el abdomen como si fuera un globo o un balón y de manera ideal cerrar los ojos. Luego, inspira inflando la panza como si fuera un globo en cuatro tiempos, retiene el aire en seis tiempos y bótala en ocho tiempos. Toda la secuencia anterior se realiza solo por la nariz. Repítelo tres veces.

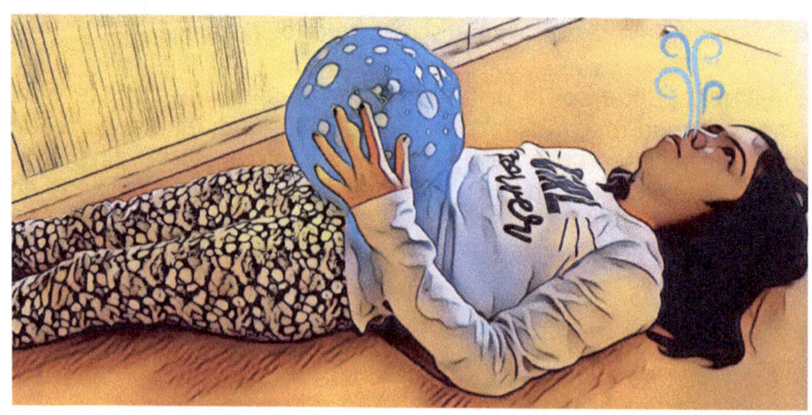

Tonicidad

Hablar de la tonicidad es mucho más trascendente que limitarse a creer que se relaciona solamente con una buena postura o la tensión muscular para sostener determinada posición corporal. La tonicidad, a partir de ese estado latente que tienen los músculos para realizar una acción, se constituye en un eslabón importantísimo en el desarrollo conductual de las personas. Es más, ésta responde a la interacción permanente de distintos factores que determinan la personalidad del sujeto, tales como el motor, afectivo, cognitivo, social y emocional.

Según Berruezo (2000) es "un estado permanente de ligera contracción en el cual se encuentran los músculos estriados, cuya finalidad es la de servir de telón de fondo a las actividades motrices y posturales". Da Fonseca (1998) la sitúa como "la base de la organización de toda la información sensorial, inhibiéndola, facilitándola, ampliándola, reteniéndola, analizándola y sintetizándola, en una palabra, asistiéndola para que sirva de base a las funciones más jerarquizadas".

La tonicidad se manifiesta desde la gestación, pues representa la permanente interacción entre el mundo íntimo de la persona con el contexto en el que se desenvuelve. Se podría decir que es el origen de toda expresión motricia, porque es un estado de permanente comunicación entre la emoción y la acción. El tono generalmente revela lo que piensas, te delata, comunicas a través de él.

De aquí surge el concepto de diálogo tónico, estudiado por Ajuriaguerra, Wallon, entre otros; el cual establece el estado de comunicación personal del sujeto con los demás. Este estado de comunicación se gesta desde antes del nacimiento, por lo cual el rol que cumple el adulto responsable es fundamental, ya que sin su participación el "diálogo" no se produce.

En este sentido es importante considerar que el diálogo no depende sólo de la palabra, pues el lenguaje corporal, especialmente en los primeros años de vida, es muy significativo en el proceso de desarrollo del diálogo tónico.

Al respecto es importante considerar que el bebé tiene la capacidad de interpretar gestos, miradas, tonalidades de voz, entre otras expresiones; todas ellas atribuibles al lenguaje no verbal. Este espacio íntimo entre el bebé y su entorno familiar lo prepara para establecer una comunicación fluida con su familia, además se constituye una base en la estructura del desenvolvimiento motriz en y con su entorno.

Entonces, desde el punto de vista de la motricidad, el sujeto está en constante diálogo tónico, por lo tanto, desde la docencia es importante y desafiante lograr en un espacio educativo en el que el conjunto de estudiantes pueda vincular sus tonos en función del momento educativo, ya que la emocionalidad es un condicionante de este diálogo, considerando también que la clase de Educación Física es un vehículo y una oportunidad que favorece su desarrollo, porque el docente se transforma en uno de los componentes de la comunicación al "haber un yo, un otro y una acción" (Fernández 2011).

En este sentido no podemos perder la perspectiva que el tono se expresa, desarrolla, educa, reeduca y adapta según las circunstancias, contextos y/o necesidades.

Cuando pensamos en actividades que estimulen la tonicidad debemos tener siempre en cuenta que en esta etapa lo más importante es que el estudiante vivencie el control tónico postural desde las graduaciones que se producen entre la tensión y la relajación tónica, según el requerimiento motriz del momento. Otro elemento que debemos considerar es que a través del diálogo tónico nuestros estudiantes están demostrando emociones que se relacionan directamente con las acciones motrices propuestas, las cuales se pueden observar, por ejemplo, en la felicidad o tristeza, entretención o aburrimiento, placer o displacer. La lectura que los docentes hagamos de esas manifestaciones, ayuda al estudiante a comprender sus expresiones emocionales y la manera de relacionarse consigo mismo y con los demás.

Finalmente, creemos que cuando estamos trabajando la tonicidad hay tres elementos que son importantes de considerar en la observación, planificación o programación y ejecución en las clases: identificar tensión - relajación, control postural y diálogo tónico corporal.

Algunas maneras de llevar a cabo estas tareas dentro de la clase son cuando le pedimos a los estudiantes que formen distintas figuras, que sostengan posiciones estáticas, cuando imitan objetos o animales, al invitarles a crear distintas posiciones corporales, mantenerse colgando desde las extremidades, traccionar o empujar objetos de distintos pesos y tamaños, elevar y sostener el propio peso del cuerpo, observar las relaciones interpersonales en los recreos y corporeidad cuando conversan o juegan con sus pares o hablan con los adultos. Algunas actividades que tienen como principal eje motriz la tonicidad las podrás revisaren las fichas número 18, 29, 30, 35 y 36.

¿Con quién o qué cosa o situación sientes que tu tonicidad se relaja yarmoniza o se pone más tensa?

<u>Estabilidad, equilibrio</u>

Desde una perspectiva neurológica, el cuerpo humano se mantiene en una posición adecuada a través de los sistemas para y extrapiramidales o del control voluntario de los sistemas piramidales, y estos sistemas garantizan una contracción tónica permanente con un bajo nivel de consumo energético, cuya función primordial sería contrarrestar los efectos de la fuerza de la gravedad.

Por lo tanto, "la postura erecta se mantiene por el juego coordinado de órganos espciales (órganos tendinosos y husos neuromusculares), que a través del reflejo miotático modulado producen una interacción neuromuscular, donde participan varios centros sub-corticales, corticales y cerebelosos". (Da Fonseca, 1992).

El equilibrio tónico-postural está coordinado por el SNC, en la parte anterior del cerebelo (paleo-cerebelo), el tronco cerebral y los ganglios de la base, que es la que mantiene el control y el ajuste del aparato músculo-ligamentoso encargado de contrabalancear los efectos de la gravedad. Para Castañer y Camerino (1993) es "la capacidad de controlar el propio cuerpo en el espacio y recuperar la correcta postura tras la intervención de un factor desequilibrante".

El desarrollo del equilibrio está asociado a una serie de factores que son importantes de considerar dentro de su estudio y aplicación en la acción motriz. Por una parte, están los factores sensoriales asociados a los órganos sensoriales exteroceptivos como es la visión, audición entre otros y los propioceptivos que corresponde a los sistemas laberínticos, plantar y las sensaciones cinestésicas. Por otro lado, están los factores mecánicos o estructurales que son la base de sustentación, el centro de gravedad, la fuerza de gravedad y la masa corporal. Según algunos autores existen otros factores asociados al sostén equilibrio y desequilibrio como la motivación, la concentración y la autoconfianza.

El equilibrio se manifiesta de distintas maneras, motivo por el cual también se ha clasificado. García y Fernández (2002) y otros autores lo clasifican en estático y dinámico de acuerdo con el control de la postura se realiza con o sin desplazamiento; mientras que Castañer y Camerino (1993) distinguen el equilibrio reflejo si se produce ante un desequilibrio inesperado, el equilibrio automático asociados a los automatismos de la vida cotidiana y el equilibrio voluntario asociado a una actividad motriz programada.

¿Cuándo fue la última vez que, por alguna circunstancia, experimentaste un desequilibrio y caíste al suelo? Escríbelo.

El equilibrio no tiene que ver sólo con la estabilidad física, sino que además tiene un alto componente emocional, por lo cual es necesario ver este factor perceptivo motriz con una perspectiva holística. Por lo tanto, el trabajo que podemos hacer como docentes desde la exploración del desequilibrio y de las caídas permiten al estudiante desarrollarlo y, además, la confianza en sí mismo y la interacción con el entorno de manera más segura.

Creemos que desde este punto de vista se crea un círculo virtuoso porque en la medida que hay una exploración segura del ambiente hay mayor confianza para experimentar distintos tipos de desequilibrios y caídas, aumentando las posibilidades de encontrar desafíos en las tareas o actividades motrices.

Entonces, al llevarlo a la práctica en nuestras clases podemos proponer o motivar acciones en torno a utilizar distintas bases de sustentación, puntos de apoyo, cambios de niveles, uso de inclinaciones y declinaciones a través del cambio del centro de gravedad corporal, distintas alturas, experimentar con ojos abiertos y cerrados, caer hacia adelante o hacia atrás, caer apoyando distintas partes del cuerpo según la circunstancias, cambiar de posiciones dinámicas a estáticas y viceversa, uso de superficies estables o inestables, vivenciar los desequilibrios solos o en compañía.
Te invitamos a observar las fichas número 11, 22.

<u>Lateralidad</u>

La lateralidad es una capacidad perceptiva motriz que se asocia al dominio que establece un hemisferio cerebral sobre el otro. Conde y Viciana (1997) la definen como el "dominio funcional de un lado del cuerpo sobre otro y se manifiesta en la preferencia de servirnos selectivamente de un miembro determinado (mano, pie, ojo, oído), para realizar actividades concretas". Es importante en este sentido comprender que la lateralidad es más compleja que reducirla a la identificación del lado derecho o izquierdo o pensar que la lateralidad está presente sólo en el aprendizaje de la escritura, pues implica una relación del actuar motriz del sujeto sobre el ambiente que condiciona sus percepciones por el dominio cerebral.

La lateralidad está condicionada por factores hereditarios y de experiencia motriz atribuibles al ambiente. Con respecto a los factores ambientales podemos mencionar la religión, el deporte, las culturas, los accidentes.

Los tipos de lateralidad que podemos encontrar son cinco: tres de carácter genético y dos de carácter ambiental:

1.- Diestro total, de origen genético, si tiene un predominio lateral derecho (homogéneo derecho total), tanto en visión, audición, tren superior, tren inferior.

2.- Zurdo total, de origen genético, si en sus acciones va a dominar el costado izquierdo(homogéneo izquierdo total).

3.- La lateralidad cruzada o mixta, de origen genético, aparece cuando no existe un lado corporal, con sus segmentos puramente dominante, como por ejemplo tener hábil la mano derecha y el miembro inferior izquierdo. El 20% de la población tiene este tipo de lateralidad que causaalgunos trastornos en el aprendizaje como: dislexia, discalculia, disgrafía entre otros.

4.- Lateralidad contrariada, forzada o invertida, de origen ambiental, cuando la personaha sido sometida a aprendizajes forzosos contrarios a su lateralidad dominante por naturaleza (antiguamente se cambiaba por temas culturales-religiosos, en la actualidad por razones científicas-deportivas).

5.- Cuando una persona logra tener una acción motriz del mismo nivel tanto en su ladodominante genético y su lado no dominante se le llama ambidiestra. Es de carácter ambiental. En este sentido es importante aclarar que siempre hay un lado dominante, sin embargo, por situaciones ambientales un sujeto puede lograr controlar sus segmentos encuanto al tren superior e inferior, por ejemplo, las personas que hacen deportes bilateralescomo las artes marciales, bailarines o bateristas.

Si la lateralidad es la capacidad perceptivo motriz sobre la cual distintos factores ambientales han influido sobre ella en distintas épocas de la historia, en pleno siglo XXI, ¿la sociedad seguirá influyendo sobre el desarrollo de esta capacidad?

p

Esta es la historia de una leyenda del tenis, de un chico zurdo que en realidad no lo era... O casi. Rafa Nadal juega al tenis como los ángeles con la mano izquierda, imprime a la pelota un efecto único y ha conquistado así, entre otras muchas cosas, 19 títulos de Grand Slam. El último, el US Open, de manera épica, otra vez, para ampliar su registro de **partidos históricos, de hazañas, de remontadas cuando todo parece perdido,** porque, aunque primero tuvo el encuentro ganado ante Medvedev (dos sets arriba y break a favor), después vio cómo el tenista de hielo nacido en Rusia venía de atrás y amenazaba sin siquiera cambiar el gesto. Sobrevivió Nadal en los peores momentos. Estaba nervioso, pero venció a la presión para volver a venirse arriba y ganar tras cinco horas de batalla (7-5, 6-3, 5-7, 4-6 y 6-4).

Lloró el español de emoción. Y cuando firmó autógrafos y regaló parte de su material, lo hizo con la mano derecha

Tenis

La historia de por qué Nadal juega con la mano izquierda si es diestro

¿Cómo con la derecha? Pero si es zurdo... Sí y no. Volviendo al principio, la historia del zurdo que no lo era comenzó hace mucho y en ella tuvo que ver Toni Nadal, tío y entrenador de Rafa, y Jofre Porta, estudioso de la lateralidad y profesor de tenis. «La responsabilidad de la mano izquierda de Nadal es completamente de Toni», dice Porta, aunque él tuvo algo que ver. «Cuando todavía no trabajaba con Nadal [después lo hizo, también con el Carlos Moyá jugador], estaba en el CAR de Sant Cugat en la Española y me llamaron para hacer un clínica en Palma. Vino Nadal, tenía ocho años y jugaba a dos manos los dos golpes. Ya se veía que era espectacular, pero tampoco se podía ver mucho más», cuenta Jofre. «Rafa es diestro cerrado, pero ya sacaba con la izquierda. Entonces Toni me consultó y le dije: "Yo creo que tiene que tener una derecha a una mano"», continúa. Ha habido tenistas como el francés Santoro que jugaban los dos golpes con las dos manos, y en el circuito femenino, todo un número uno como Mónica Seles. Pero es raro.

«Cuando volví a Palma para trabajar en el Gobierno balear, él ya jugaba con la mano izquierda, y yo no sabía que era diestro. Me enteré un día y le dije: "Pero juega con la buena"; y él respondía: "Es que no tengo fuerza con la otra"», recuerda Porta. «Toni me dijo que pensaba que ser zurdo sería una ventaja. Lo hicieron no de una manera tan natural como: "Escoge la que quieras"; pero él ya sacaba con la izquierda así que las habilidades de la mano no dominante estaban bastante desarrolladas, no le venía de cero», añade.

Al respecto, ¿qué opinas? ¿qué has visto o sabido tú?

La lateralidad está determinada genéticamente, sin embargo, puede ser influenciada por las circunstancias ambientales. Si bien es cierto que existen funciones lateralizadas dentro del cerebro, tiene un lado dominante con respecto al otro, puede haber diferentes tipos descritos anteriormente.

En cuanto a nuestra labor docente pensamos que debemos propender el desarrollo de estudiantes ambidextros/as como manifestación motricia, puesto que ello significa que usan con la misma habilidad la mano izquierda y la derecha o el pie izquierdo o derecho, según lo define la RAE, todo aquello independiente del lado dominante del estudiante.

Para poner en práctica estas sugerencias podemos recurrir a actividades, acciones o juegos dirigidos o espontáneos que desafíen al estudiante a botar o golpear objetos, saltar con pies de manera alternadas, manipular objetos de manera diferida o simultánea, lanzar objetos creando secuencias de alternancias en las extremidades superiores, conducir objetos de manera alternada con las extremidades inferiores, uso de equilibraciones en base a sustentaciones reducidas donde tengan que ocupar sólo una extremidad ya sea superior o inferior, experimentar giros o rodadas hacia un lado y otro.

Actividades que estimulan intencionadamente la lateralidad y que nos dieron buenos resultados en nuestras clases las puedes ver en las fichas 9, 27 y las fotos propuestas.

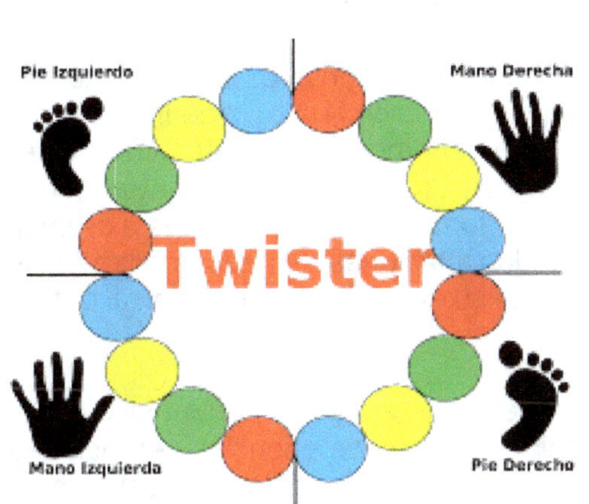

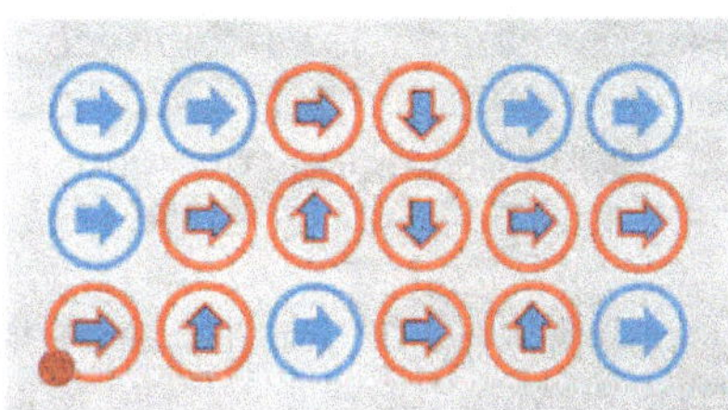

De esquema corporal a noción corpórea

La toma de conciencia de nuestro cuerpo y sus acciones se asoció durante años al esquema corporal como una capacidad que relaciona al individuo con el mundo que lo rodea y los demás. Los nuevos paradigmas sobre la visión del ser humano evolucionaron hacia un concepto holístico que está por sobre lo funcional, es decir, incorpora aspectos afectivos, sociales y cognitivos.

En un principio se consideró que el esquema corporal es la percepción del individuo de acuerdo a su propio cuerpo. Le Boulch (1996) lo define como "el conocimiento inmediato y continuo que tenemos de nuestro cuerpo, en estático o en movimiento, en relación con el espacio y los objetos que lo rodean". Tasset (1980) lo define como la "toma de conciencia de la existencia de las diferentes partes del cuerpo y de las relaciones recíprocas entre estas, en situación estática y en movimiento y de su evolución con relación al mundo exterior".

En la actualidad, se amplía el concepto desde un aspecto físico a uno simbólico asociado a la incorporación de las experiencias, emociones, contextos y relaciones sociales del individuo como parte de la percepción del propio cuerpo.

Para Eugenia Trigo (y cols) "la noción corpórea es una capacidad de dimensión introyectiva del ser humano, a partir de la cual se va a desarrollar en la dimensión social o extensiva"; mientras que Luria sitúa a la "noción de cuerpo" (sustrato de la "noción corpórea") como una capacidad de la motricidad que junto con la temporalidad, lateralidad y espacialidad, se van a dar en la segunda unidad funcional, es decir, en la recepción, análisis y almacenamiento de la información (Da Fonseca, 1998).

La noción corpórea es determinante en la relación que el individuo establece a lo largo de su vida con el entorno que lo rodea, por ende, es importante tomar conciencia de que las experiencias que éste tenga sean muchas y diversas, que le permitan sentirse grato consigo mismo y sean acordes a sus etapas de desarrollo e intereses porque le ayudarán a construir su identidad y, en definitiva, la manera en que se va a desenvolver en su contexto personal, emocional y social.

Es un aspecto que está en constante desarrollo y actualización, es dinámico, se va a adaptando a las distintas etapas de la vida conforme se tome conciencia de cómo las condiciones ambientales influyen en la conformación del sujeto.

p

Entonces, los componentes de la noción corpórea los podemos mencionar y definir de la siguiente manera: esquema corporal independencia segmentaria, imagen corporal, conciencia corporal.

Esquema corporal: citado por Vayer (1973)" El esquema corporal es la organización de las sensaciones relativas a su propio cuerpo en relación con los datos del mundo exterior."
Independencia segmentaria: la habilidad para realizar movimientos independientes con diferentes partes del cuerpo. Aporta al mejor dominio y control corpóreo.

Conciencia corporal: "idea cognitiva que cada individuo tiene acerca de lo que es, como está formado y cómo funciona su cuerpo (sistema, funcionamiento y habilidades) en sus distintas etapas a lo largo de la vida, para poder desarrollarla con autonomía, seguridad, autocuidado."

Imagen corporal: Vayer (1973) la define como "la síntesis de todos los mensajes, de todos los estímulos y de todas las acciones que permiten al niño diferenciarse del mundo exterior y de hacerse con el "YO" el sujeto de su propia experiencia". La imagen corporal se construye de modo subjetivo pero condicionada por las experiencias vividas en y con su cuerpo y altamente influenciadas a partir de los mensajes externos sobre todo en la etapa de desarrollo de la lactancia niñez y adolescencia.

La noción corpórea no se relaciona sólo con el conocimiento o imagen del propio cuerpo, pues, no debemos olvidar que nosotros somos una corporeidad y mientras más la conozcamos, mayores posibilidades tenemos de resolver nuestras necesidades de acuerdo a las condiciones ambientales que nos toca vivir, tanto en relación a nuestro propio cuerpo, como también en la que establecemos con los objetos y los demás, conformando la personalidad del sujeto y la seguridad con la que se desenvuelve en el mundo que le rodea.

La formación de esta imagen implica también una imagen cognitiva subjetiva y que está en constante actualización por el contexto donde nos desenvolvemos. Es de gran importancia detenerse en este punto y revisar qué tipo de mensajes verbales, corporales, visuales, entre otros enviamos a los niños/as y adolescentes, ya que si son positivos ayudan en la formación para una identidad estable, lo que será determinante en cómo será la percepción del mundo y su actuación en éste y viceversa.

En el cuadro que viene a continuación te mostramos algunos mensajes que son negativos y cómo los podemos transformar en mensajes positivos.

Ejemplos de mensajes negativos a positivos

No comas más helado	Sé que te encanta comer helado, pero comer en exceso te puede hacer daño en la barriga
No juegues con la comida	Sé que te encanta jugar pero la comida es para comerla, para jugar tienes los juguetes
No tires los juguetes al suelo	Si te has cansado de jugar, vamos a recogerlos juntos
Así no se juega	Ven cariño, te voy a enseñar a como jugar
No le hagas daño al perro	Al perro le gustan las caricias, ven que te enseñe a acariciarle suave como le gusta
No se pega	Si algo te molesta, vamos a utilizar las palabras para expresar cómo te sientes
No grites	Si te quejas me cuesta entender qué quieres, habla con voz normal y busquemos una solución

https://www.etapainfantil.com/decir-no-ninos-sin-decirlo

Es por ello, que, por medio de distintas experiencias motrices, teniendo como base las leyes del desarrollo céfalo podálico y próximo distal en las distintas etapas de maduración, se logra ir percibiendo y reconociendo las distintas partes del cuerpo. En interacción con lo anterior, tanto los factores sociales como los emocionales, van a ir conformando la identidad del sujeto. De ahí la importancia de otorgar mucho tiempo de las experiencias de clases que se focalicen en el desarrollo de la noción corpórea.

Los elementos constituyentes de la formación de la noción corpórea son las partes del cuerpo, conciencia segmentaria, autopercepción o imagen corporal, gestión emocional, la estructuración de límites físicos - espaciales que proyectivamente permiten aprender, adquirir y poner en práctica límites de autocuidado.

De acuerdo con lo anterior sugerimos acciones donde el cuerpo se perciba y reconozca utilizando nociones espaciales o temporales que visualmente lo ubiquen en un momento determinado. Para ello podemos utilizar su propia corporeidad y la de sus pares, y luego acceder a una serie de materiales que aportan en este sentido como: aros, cuerdas, conos, cojines, colchonetas, papel de diario, entre otros.

Así el niño/a ubicará su cuerpo en su totalidad, segmentos de éste dentro, fuera, arriba, abajo, cerca, lejos, hasta, entre, desde, adelante, atrás, etcétera, explorando, buscando y accediendo a la mayor cantidad de posibilidades de acciones motrices.

Algunas actividades que desarrollan la noción corpórea las puedes ver en las fichas número: 7,14,15 y 21.

Cabe recordar que la noción corpórea es una construcción permanente durante toda la vida, pero que se desestructura prácticamente en su totalidad cuando el individuo crece físicamente y madura desde la preadolescencia, teniendo nosotros como docentes la oportunidad de ayudar a los estudiantes a redefinirse con la ayuda de distintas experiencias motrices.

<u>Espacialidad</u>

La espacialidad es la capacidad perceptiva que se relaciona con la ubicación, percepción y comportamiento del sujeto en el espacio.
Da Fonseca (1992) menciona que "se elabora un concepto de espacialidad a través de datos visuales y táctiles kinestésicos".

Para poder desarrollar la espacialidad debe existir una referencia para determinar la posición del cuerpo. Esta referencia se puede dar entre el sujeto en relación con el propio cuerpo, a otros sujetos, a los objetos e inclusive entre varios objetos sin que esté el sujeto dentro del punto de referencia.

La información que se genera a nivel de la corteza general en combinación con la información recibida tanto de manera interoceptiva, propioceptiva o exteroceptiva determinan el comportamiento dentro del espacio. Piaget (1984) describe estas referencias espaciales como "topológicas (relaciones entre los objetos), proyectivas (situación de los objetos o los elementos de un mismo objeto en relación con las demás) y euclidianas (coordinación de los objetos entre sí en relación a un sistema o coordenadas de referencia)".

Por ende, la organización espacial es el resultado de la interacción de la orientacióny estructuración espaciales. Al respecto, Castañer y Camerino, (1993) afirman sobre la "orientación espacial: entendida como la aptitud para mantener constante la localización del propio cuerpo tanto en función de la posición de los objetos en el espacio, como para situar esos objetos en función de la propia posición".

La manera de lograr la internalización de la espacialidad tiene que ver con las posibilidades del sujeto de poder interactuar con su entorno, a través de sus sentidos y nuevamente de la diversidad de las experiencias en distintos espacios. En este sentido cobra relevancia lo motricio cuando desde muy pequeño existe una evolución de las referencias espaciales que se van creando por medio de la locomoción, por ejemplo, rodar, gatear, caminar y luego desde la manipulación, como tomar, dejar y proyectar objetos. Por lo tanto, la construcción de la percepción espacial se influencia y varía en el tiempo por tres factores: la visión, el crecimiento y la experiencia.

La espacialidad existe en la cotidianidad, la cual observamos en la organización de la ciudad, las estructuras de las escuelas, la distribución en el hogar, entre otros ejemplos. Silo circunscribimos a la actividad deportiva vemos que la mayoría de los deportes, incluso aquellos que son al aire libre tienen referencias espaciales. Desde esta mirada podemos determinar que existen distintas maneras de percibir el espacio.

Parafraseando a Lora Risco existe el espacio físico y el espacio vivenciado:

"El primero sitúa al sujeto con la necesidad de saber orientarse debidamente para relacionarse con el mundo exterior de seres y objetos, y el espacio vivenciado está representado por los diferentes espacios en los cuales el sujeto proyecta su vida relacional y afectiva". Relacionando esta clasificación con nuestro quehacer en las clases de educación física es sustancial situar las experiencias motrices de los estudiantes desde el espacio vivenciado, ya que es acá donde se produce el desarrollo integral, la significancia y trascendencia del sujeto.

Otra manera de clasificar el espacio está relacionada con las acciones del sujeto con ladistancia que se establece entre él y la referencia espacial. Es por ello que podemos distinguir el espacio propio, próximo y lejano.

El espacio propio se refiere a la relación del sujeto con el espacio sin necesidad de desplazarse, que también está muy vinculado a la vida personal. El espacio próximo, se describe como aquel espacio en el cual el sujeto establecerelaciones desde sus posibilidades de acción y, por último, el espacio lejano es aquel donde el sujeto puede proyectar sus acciones y relaciones con el medio que lo rodea.

Considerando todo lo anterior, podemos reflexionar sobre el dinamismo que tiene que tener la estructuración de la espacialidad por cuanto es significativo considerar que esta es cambiante y se adapta a las necesidades del sujeto, por lo tanto, desde la clase de educación física hay que estar pensando de manera constante en cómo variar la distribución de los espacios para que se estimule el proceso de percepción y análisis por parte de los estudiantes.

La espacialidad permite tomar conciencia del espacio propio, el cercano y el lejano de acuerdo con las relaciones que se establecen consigo mismo, con los objetos y los demás. Es un factor importante en la estructuración de la noción corpórea, puesto que es la corporeidad en propiedad la que toma un lugar en el espacio en que se desenvuelve.

Que el estudiante perciba y reconozca también las nociones espaciales, le permite tomar decisiones que le dan seguridad, lo empoderan de sí mismo, entregando libertad para moverse, considerando también la protección personal, es decir, no ponerse en riesgo ante determinadas situaciones; extrapolando la clase de educación física y salud a situaciones de la vida cotidiana como el cumplimiento de reglas viales, deportivas, de convivencia con los vecinos, respeto a la privacidad, buen uso del espacio propio y público, entre otras situaciones de uso del espacio.

Volvemos a recordar algunas nociones espaciales que deben estar presentes en la planificación de nuestras clases como adelante, atrás, diagonal, recto o curvo, cerca, lejos, a un lado o al otro, entre, arriba, abajo, adentro, afuera, diseños de piso, etcétera.

En este sentido sugerimos actividades en las cuales se desarrollen estos conceptos, tales como, juegos de persecución, juegos tradicionales que son ricos en determinar estructuras espaciales, danzas, juegos con división del terreno, trepar objetos como cajones, muros, boulders, árboles, rejas, juegos de escondite, actividades de sortear obstáculos, entre otros.

Acá puedes recurrir a las fichas 1,10,12, 13,16 y 23 para analizar actividades que se relacionan con el desarrollo de la espacialidad

¿En qué lugar físico te sientes más cómodo o cómoda?

Temporalidad

¿Cuántas veces nos pasa que ante una actividad que nos entretiene sentimos que el tiempo ha pasado rápido? o, al contrario, ¿cómo percibimos el tiempo cuando alguna actividad no es de nuestro agrado? Tal vez en ambas situaciones el tiempo cronológico fue el mismo, pero la manera en que lo vivimos es distinta.

Cuando hablamos de temporalidad debemos entenderla desde distintos puntos de vista porque no tan sólo la podemos circunscribir a un tiempo cronológico, sino también al aspecto perceptivo.

La temporalidad la podemos definir como "la percepción consciente de la realidad de la existencia, a partir de los hechos que se suceden en un periodo de duración determinada que se invierte en la realización de una actividad, donde se percibe un inicio, un desarrollo y un final" (Marambio, 2010) o también según Fraisse (1989) un "conjunto de acontecimientos que siguen un orden o distribución cronológica y una duración cuantitativa del tiempo transcurrido entre los límites de dichos acontecimientos".

Es decir, la interacción entre lo que objetivamente sucede y la manera de percibir esas acciones estructuran en el individuo la temporalidad permitiendo que éste organice dichas acciones en relación con un orden (sucesión de acontecimientos) y duración (intervalo entre el inicio y término del acontecimiento). De aquí que varios autores, entre ellos Lora Risco (1991), hablen del tiempo vivido y el tiempo objetivo, "siendo el primero el tiempo característico de cada viviente; el tiempo personal, subjetivo, que, como estructura ordenada se va organizando progresivamente desde el momento en que aparece la temporalidad". Pensando en nuestro quehacer, el tiempo vivido es el que deberíamos estimular intencionadamente en nuestras clases porque es más significativo para la persona desde el punto de vista de su desarrollo holístico.

La relación que se produce entre el orden y la duración determinan el ritmo con el cual se lleva a cabo las acciones motrices, es decir, toda acción motriz tiene un ritmo, la cual es experimentada por cada sujeto de manera individual como también en el ámbito social, puesto que también en la cotidianeidad hay acciones motrices que son colectivas.

La estructuración del ritmo se desarrolla en la infancia en la cual, si bien es posible seguir estructuras rítmicas, percibir por parte del infante el espacio, la velocidad y la duración no se logra hasta después de los 6 años de manera consciente. De acuerdo con lo anterior, podemos precisar que el ritmo es personal, no obstante, es condicionado por el ambiente externo que puede estar relacionado al lugar donde uno vive, el tipo de familia, la actividad que desempeña, etc.

El ritmo posee distintos componentes: pulso, acento, compás, tempo.

Pulso: es la cantidad de repeticiones que componen el ritmo.
Acento: es el énfasis que se le da a un pulso determinado dentro de un Compás.
Compás: es la organización del pulso en distintos grupos.
Tempo: es la velocidad o frecuencia en que se dan las repeticiones del pulso.

Sobre la percepción del tiempo, varios autores mencionan que la participación de la audición, la kinestesia, la visión y el tacto serían los principales, sin embargo, investigaciones ligadas a la neurociencia otorgan su génesis en la acción del cerebelo, los ganglios de la base, el lóbulo frontal y la corteza parietal.

Debemos tener presente que cada uno/a de nosotros/as tiene su propio ritmo, que está condicionado por el ambiente, el carácter, la personalidad, la historia de vida; el cual interactúa con el tiempo cronológico que es el resultado del constructo social en el que nos desenvolvemos. Desde la perspectiva de la motricidad, es más relevante poder entregar experiencias a los estudiantes en lo que se refiere a la percepción del tiempo vivido.

Los elementos que debemos tener en consideración con respecto a la estructura temporal son el ritmo, el pulso, acento; los cuales se pueden manifestar en distintas velocidades como rápido, lento e inclusive la ausencia de acción mediante las detenciones.

Algunas actividades generales que ayudan a desarrollar la temporalidad son las danzas, la expresión corporal, canciones, juegos rítmicos, juegos de relevos, juegos de persecución.

Más adelante, en el aprendizaje de los deportes la interacción entre el tiempo y el espacio es clave en la ejecución de ellos, por ejemplo, deportes como los de raquetas, en losjuegos con balón donde hay que lanzar o patear, en la gimnasia artística donde hay que realizar acrobacias en aparatos, en los deportes de superficies inestables como el surf, en deportes de equilibraciones como el skate, entre otros.

A continuación, una canción rítmica para ser saltada con cuerda se juega con una cuerda larga de tres personas mínimo, en cada final de frase (donde esta subrayado) se debe subir la cuerda girando, mientras la persona que salta debe agacharse.

Juanito el bandolero,
se metió en un sombrero,
el sombrero era de paja,
se metió en una caja,
la caja era de cartón,
se metió en un cajón,
el cajón era de pino,
se metió en un pepino,
el pepino maduró
y Juanito el bandolero se salvó.

<u>Praxias</u>

Para entender el concepto de praxia parafraseamos a Luria quien las describe como el fruto de la interacción e integración de la primera y segunda unidad funcional, con la finalidad de organizar la actividad consciente de una acción o tarea motriz, según sea la circunstancia, considerando los siguientes pasos: programación, regulación y verificación. (Da Fonseca, 1998). A su vez Castañer y Camerino (1993) la definen como la "capacidad de regular de forma precisa la intervención del propio cuerpo en la ejecución de la acción justay necesaria según la idea motriz prefijada". Las praxias son las acciones motrices que tenemos los seres humanos, cuya característica más importante es que para ser ejecutadas deben ser programadas, luego deben ser adaptadas o reguladas a la tarea y luego verificadas.

A partir de este proceso se vuelve a repetir la acción hasta el logro de la tarea motriz. ¿Cómo podemos entender mejor este proceso?

Cuando un sujeto se enfrenta a una tarea motriz para poder programarla debe tener una imagen mental de ésta, lo que le permite formar una idea de cómo poder realizarla. Por eso es importante entregar diversidad de acciones motrices a los estudiantes de modoque puedan tener un "banco de datos" o bagaje motriz que les permita buscar respuestasa las diferentes acciones que se le pueden presentar en la vida.

En la etapa de regulación es importante que el sujeto regule el tono, el equilibrio, la noción corpórea, la lateralidad, espacialidad, temporalidad para poder realizar la tarea motriz. Si algunas de estas capacidades perceptivas están descendidas, la acción motriz no será realizada de manera eficiente y también es posible asociarla, si perdura en el tiempo, a trastornos relacionados con otras áreas de desarrollo y de aprendizaje como discalculia, dislexia entre otras. Es en este momento es cuando entra en acción la tercera etapa que esla verificación, que es la evaluación de lo realizado para poder hacerlo nuevamente.

En la infancia, generalmente, la verificación es apoyada por otra persona (adulto o par)que te corrige. Luego, de acuerdo, al desarrollo motriz personal dado por las experienciasmotrices de la vida, se podría llegar al momento de la autorregulación, puesto que en el proceso de verificación se puede dar cuenta de manera autónoma de los ajustes posturalesque hay que realizar para el éxito de la tarea motriz. No obstante, es importante resaltar que sujetos con poco bagaje motriz no puedan realizar este proceso de manera autónomay siempre van a depender de la regulación externa, incluso en la vida adulta.

También nos parece significativo, desde la perspectiva que el ser humano está en constante aprendizaje, que cada vez que nos enfrentamos a una habilidad o acción motriz nueva este mecanismo se activa para poder realizarla. En este sentido, no podemos dejar de mencionar que las praxias se reeducan a lo largo de la vida conforme se pasan distintas etapas de desarrollo, principalmente asociadas a cambios corporales (crecimiento) como ocurre durante la pubertad.

Cuando hablamos de praxias, podemos distinguir dos tipos: la praxia global y la fina. La praxia global la observamos en todas aquellas acciones en las cuales actúan grandes grupos musculares y que generalmente se asocian con habilidades de locomoción y estabilización, mientras que la praxia fina se remite a acciones motrices en las cuales actúan grupos musculares más pequeños y se asocian con aquellas actividades donde está presente la acción de pinzar.

Te invitamos a identificar los pasos del proceso de elaboración de la praxia global de la siguiente acción motriz:

En la clase correr y saltar una colchoneta a lo ancho sin tocarla.

- Toma de conciencia de la acción
- Programación
- Regulación
- Verificación
- Ajustes

Es importante que al trabajar las praxias globales instalemos en los estudiantes lo que Castañer y Camerino llaman ideas prefijas, es decir, lo que representan mentalmente antes de realizar la acción motriz. Con lo anterior nos referimos a un concepto asociado a un movimiento. Por ejemplo, si le pides a un estudiante que salte como canguro y luego como conejo, observaremos una diferencia en estos saltos, ya que es probable que el de canguro lo haga más largo y alto y el de conejo más corto y bajo.

La forma más fácil de instalar ideas o representaciones mentales previas a una acción motriz, son con lo conocido por los niños y niñas, por ejemplo, los animales pueden aportar en este punto, también las acciones cotidianas, los diferentes deportes, medios de trans- portes, entre otros.

Cuando se realizan praxias globales el sujeto responde a los diferentes estímulos ordenando secuencialmente la respuesta en cuanto a cómo organiza su corporeidad por medio de los otros factores perceptivos motrices. En términos más concretos el sujeto conoce la tarea, elabora la respuesta y la realiza. Luego de observar el éxito o fracaso de ésta la vuelve a realizar si es necesario hacer ajustes corporales. En este proceso la labor docente o de los pares o incluso él mismo, es fundamental por dos motivos: por una parte, puede entregar insumos al estudiante para que pueda organizar la respuesta motriz y, por otra, puede realizar retroalimentación para mejorar y automatizar la respuesta de ciertas acciones motrices.

Es necesario aclarar que en el periodo exploratorio (anterior a este proceso) el error no existe porque todas las respuestas motrices conducen a la ampliación y diversificación del bagaje motriz, que es lo que se espera que suceda. Dicho lo anterior, en esta etapa los docentes pueden realizar actividades que incluyan la utilización de grandes grupos musculares, que impliquen coordinación, que combinen habilidades motrices básicas de locomoción, manipulación y estabilización o equilibrio, realizar danzas, bailes, juegos tradicionales, creación de recorridos y circuitos motrices, entre otros.

Si quieres ver algunas actividades que se enfoquen en las praxias recurre a las fichas número 5,19,22, 34.

Cuando se utilizan las praxias finas el proceso es similar al de las praxias globales, con la diferencia que en este caso se utilizan grupos musculares más pequeños buscando precisión y está presente la manipulación de objetos.

Para el desarrollo de este factor perceptivo motor proponemos que en las clases se incluyan actividades relacionadas con ejercicios o juegos de pinzar, prensar, desgarrar, triturar, deshilachar, rasgar, enroscar, modelar, entre otras posibilidades, que incluso se relacionan con labores domésticas o de uso cotidiano que requieren de precisión como martillar, estrujar, enjabonar, recortar, pintar, etc.; que van a formar parte de una base exitosa y variada para la adquisición de la grafomotricidad.

Los patrones motores

Los patrones motores o movimientos fundamentales son acciones inherentes a nuestra condición de seres humanos, es decir, ontogenéticas. Por ejemplo, rodar cerca de los tres meses de haber nacido, se despliega, nadie lo enseña y muchas veces los bebés se caen de la cama de sus padres por esta acción que se activa sin previo aviso. Haeckel (1866) plantea que "la ontogénesis es la recapitulación de la filogénesis por lo cual el desarrollo de los in-dividuos ejemplifica y recorre las fases por las que pasó el desarrollo de la especie, incluso de otras especies de las que deriva esa".

Tanto Ruiz Pérez, (1994), como Castañer y Camerino (1991) precisan que los patrones fundamentales son "inherentes a la naturaleza humana, denominándose fundamentales por estar presentes en todas las personas, por su origen filogenético y por constituir la base para conductas motrices más complejas". Sin embargo, nos parece fundamental hacer una diferenciación conceptual entre patrón y habilidad motora, por cuanto suelen confundirse o entenderse de la misma manera, pero no lo son.

PATRÓN MOTOR ≠ HABILIDAD MOTORA

Como mencionamos anteriormente los patrones son ontogénicos, por lo tanto, no se enseñan, aparecen; mientras que la habilidad motora se aprende. Un ejemplo de ello es correr hacia adelante (patrón), que es diferente a correr en diagonal o hacia atrás (habilidad). Un ser humano puede vivir con los patrones motores sin haber desarrollado ninguna habilidad, ya que éstas se van desarrollando de acuerdo con las exigencias ambientales para adaptarse al medio. Queremos ser enfáticos en recordar que los patrones motores se deben estimular intencionadamente de manera natural y no forzarlos, ni apurarlos ya que tienen que ver con procesos madurativos individuales. Aquí cobra mucha importancia conocer cómo va desarrollándose el niño y la niña en cada etapa y comprender bien la diferenciación entre alguna expresión motriz de carácter ontogénica y la adquisición de unahabilidad motriz que es por siempre aprendizaje, ya sea por experimentación o dirigida.

Hay distintos autores que estudiaron los patrones motores estableciendo que dentro desu desarrollo existen fases, que evolucionan, principalmente, en el periodo de la infancia; siempre y cuando estén las condiciones ambientales propicias para que éstas se manifiesten

Los patrones motores o movimientos fundamentales los podemos diferenciar en locomotores, manipulativos y de estabilización. Los de locomoción, permiten el desplazamiento de un lugar a otro en un espacio determinado, siendo muy importantes en el desarrollode la exploración del mundo que rodea al sujeto. Los manipulativos, permiten el control de los objetos ayudando al sujeto a interactuar con los objetos de modo que los puedan controlar y conocer. Los de estabilización, permiten al sujeto el control del cuerpo tanto enacciones estacionarias, como en desplazamientos.

Los patrones motores. Recordemos que estos son todas las acciones que puede realizarel ser humano, desde su ontogenia. Para su mejor comprensión se ordenan en:

Locomoción	De Estabilización o Equilibrio	Manipulativos o de Proyección
Caer	Balancearse	Golpear
Subir	Girar	Driblar
Bajar	Empujar	Lanzar
Rodar	Estirarse	Recepcionar
Saltar	Colgarse	Hacer rodar
Nadar	Doblarse	Modelar
Reptar	Inclinarse	Atrapar
Correr	Traccionar	Prensar
Trepar	Retorcerse	Pinzar
Gatear	Levantar	
Galopar	Equilibrarse	
Caminar		
Esquivar		
Deslizarse		
Cuadrupedias		

Cuadro.5

Habilidades motrices

Antes de poder profundizar en las habilidades motrices básicas, es importante poder conceptualizar la habilidad motriz como tal, ya que a partir de esta definición veremos más adelante que hay autores que las clasifican; pero todas comparten una base común.

Para Knapp (1936) es la "capacidad, adquirida por el aprendizaje, de producir unos resultados previstos con el máximo de acierto y frecuentemente con el mínimo coste en tiempo, energía o ambas cosas". Singer (1983) la considera como "toda acción muscular o movimiento del cuerpo requerido para la ejecución con éxito de un acto deseado". Batalla (1994), por su parte, la define como "el grado de competencia de un sujeto concreto frente a un objetivo determinado, aunque éste se consiga de manera poco depurada y económica". Batalla hace la distinción entre habilidad y destreza motriz, a diferencia de Knapp y Singer, constituyendo a esta última la capacidad de ser eficiente en el logro del objetivo deseado.

Es interesante poder detenerse en estos conceptos y diferenciaciones desde lo que son nuestras prácticas pedagógicas y los estigmas sociales que existen sobre la habilidad de las personas. En definitiva, todos hemos desarrollado nuestras habilidades según nuestras posibilidades genéticas, de contexto cultural, oportunidades, motivaciones, etcétera, por lo tanto, a ningún estudiante lo podemos tildar de que no tiene habilidades motrices, a menos que hayan estado en situaciones adversas extremas o enfermedades.

En el conjunto del desarrollo de los factores perceptivo-motrices, tiene gran importancia el desarrollo de las habilidades motoras básicas, pues entre ambos van a estructurar la base del aprendizaje motriz posterior. Son habilidades que se desarrollan a partir de patrones motores de herencia filogenética que se manifiestan ontogenéticamente debido a que pertenecen a nuestra especie, que han permitido la supervivencia de los seres humanos durante su historia y cuya diversificación o distintas maneras de manifestarlas es lo que llamamos habilidad motriz.

Para Castañer y Camerino (1996: 127), "Las habilidades fundamentales surgen de la combinación de patrones de movimiento que introducen al trabajo, tanto global como segmentario del cuerpo. Su base reside en la dotación filogenética de la especie humana traducida por la herencia del parentesco".

Las habilidades motoras se consideran componentes básicos del dominio tanto para el aprendizaje motor como para las actividades de formación escolar. Esto significa que, al conquistar un buen control motor, los niños estarán construyendo los conceptos básicos para su desarrollo intelectual, lo que indica una relación directa entre lo que uno es capaz de aprender (cognitivo) con lo que es capaz de ejecutar (motor) (Rosa Neto et al., 2010).

Una muestra de esto puede ser el patrón caminar, el cual al ser realizado de distintas maneras lo constituye en una habilidad, por ejemplo, la habilidad de caminar hacia atrás, caminar en puntas de pie, caminar en zig-zag, etc.

Los avances tecnológicos y la rapidez de la vida diaria en las grandes ciuda-Des han provocado que las adaptaciones al medio sean cada vez más recurrentes a través de herramientas que no requieren del desarrollo de las habilidades motoras en sí mismas, lo que ha reducido que las estimulemos de manera artificial, principalmente, a través del deporte y no dentro de los hábitos de la vida diaria para vivir en el entorno natural como antiguamente lo realizamos.
Un ejemplo de ello es que en la década de los 80 era común ver a muchos niños/as trepando árboles en sus barrios, en los colegios como parte de sus actividades lúdicas, no obstante, hoy cada vez los niños/as trepan menos porque un posible motivo de ello puede ser la aprehensión desde el mundo adulto a caerse y accidentarse.

¿Qué otros motivos pueden existir para restringir el despliegue de las habilidades motoras en la sociedad actual?

Habilidades motrices básicas

Díaz (1999) define habilidad motriz básica como "todas aquellas conductas y aprendizajes adquiridos por una persona que se caracterizan por su inespecificidad y porque no responden a los modelos concretos y conocidos de movimientos o gesto formas que caracterizan las actividades regladas y estandarizadas", que coincide bastante con la de Batalla(2000) que las cataloga de "amplias, generales, comunes a muchos individuos y que sirven de fundamento para el aprendizaje posterior de nuevas habilidades más complejas"

Las habilidades motrices básicas deben ser estimuladas intencionadamente de las maneras más diversas de modo que los estudiantes puedan descubrir tantas acciones motrices como les sea posible, pues éstas se desarrollan en base a la experiencia de cada persona. Por lo anterior, es importante guiar el descubrimiento y las posibilidades de las acciones motrices, no limitarse a las más conocidas, sino también incorporar otras que los estudiantes utilizan menos ya, sea por aspectos culturales (béisbol en nuestro país) o porque son emergentes (parkour), para poder ampliar el bagaje motriz; lo cual desafía al docente a actualizarse constantemente con las manifestaciones motrices emergentes o recurrir a la de otras culturas.

En edad preescolar se puede colocar el foco en las distintas habilidades por separado, pero poco a poco se debe intencionar tareas, juegos o actividades en que los estudiantes las puedan combinar para que vayan adquiriendo mayor coordinación en las distintas acciones en que son utilizadas.

Según Guthrie, las habilidades motrices son una capacidad adquirida por aprendizaje, para producir resultados previstos con la máxima certeza y el mínimo gasto de tiempo y energía.

Para que una habilidad motriz sea considerada básica debe:
- Ser común a todos los individuos.
- Ser la base para aprendizajes motrices posteriores (deportivos o no).

Godfrey y Kephart (1969), agruparon los movimientos básicos en dos categorías: los que implican el manejo del propio cuerpo, presentes en tareas de locomoción (andar, correr, etc.) y equilibrio postural básico (estar de pie o sentado); y los que se centran en el manejo de objetos, como sucede en las tareas manipulativas (lanzar, atrapar, golpear, etc.).

Otros autores las dividieron en tres tipos:
- Locomotrices: Característica principal es el traslado de un lugar a otro.
- No locomotrices: tienen como característica principal el dominio y manejo delcuerpo en el espacio.
- Proyección/Manipulación: caracterizadas por la proyección, manipulación y recepción de móviles y objetos.

Según Castañer (2001) locomoción "se considera movimiento locomotor el realizado por el cuerpo que se desplaza de un punto a otro del espacio, conjugando los diferentes elementos espaciales: direcciones, planos y ejes."

Las habilidades motrices de locomoción son aquellas que nos van a permitir el desplazamiento dentro del espacio que nos situamos de un lugar a otro. Ellas se van desarrollando en la medida que vamos creciendo y nuestro organismo permite que éstas se puedan manifestar otorgando al individuo autonomía en su contexto personal, emocional y social. Loanterior, además, constituye la base para que se desarrollen los otros tipos de habilidades.

Según Prieto (2010) la manipulación es: "Movimientos en los que la acción fundamentalse centra en el manejo de objetos (lanzamientos y recepciones)." En este sentido nosotros hablamos también de la proyección dentro de la manipulación, puesto que dentro de esta clasificación también están las habilidades de patear y golpear.

Finalmente, las habilidades de estabilización son las que suponen el desarrollo de la capacidad perceptivo motriz de adecuación y adaptación espacio-temporal del cuerpo y la participación de las capacidades físico motrices (condicionales y coordinativas) para lograr superar la fuerza de gravedad, y así realizar eficazmente las tareas motrices que se requieren en las acciones propuestas".

Queremos recordar que las habilidades motrices básicas son la diversificación, combinación, graduación, modificación de acciones motrices ontogénicas (patrones motores) que son propios de nuestra especie y que se clasifican en habilidades de locomoción, manipulación y estabilización o equilibrio. Sin duda, son las acciones motrices que más ocupamos en nuestra labor docente porque son la base de la relación consigo mismo, el medio ambiente y los demás.

Sin olvidar que estas habilidades están interactuando permanentemente, de manera didáctica proponemos de manera general actividades posibles de realizar de acuerdo con su clasificación.

En cuanto a las habilidades básicas de locomoción sugerimos actividades tales como rodar estirados y ovillados; reptar de cúbito abdominal y dorsal; gatear hacia atrás, en diagonales; caminar en distintas direcciones, correr ocupando distintos niveles; trepar cajones, mesas, colchonetas, muros; esquivar compañeros, objetos móviles; aprender a caer en diferentes posturas o posiciones; deslizarse, galopes, también desarrollar habilidades acuáticas si es posible; saltar de un pie al mismo pie, de un pie a dos pies, de dos pies a un pie, de dos pies a dos pies, de un pie al otro pie, saltar objetos, compañeros/as, etc.

En cuanto a las habilidades de manipulación proponemos actividades en las cuales los estudiantes realicen acciones motrices como: lanzar en diferentes direcciones objetos que tengan diferentes pesos, formas, volumen y tamaño, lanzar tanto con mano derecha como izquierda, con dos manos; atrapar con diferentes partes del cuerpo, interceptando en el aire o esperando que llegue a su cuerpo (ocupar materiales blandos de acuerdo a cada etapa de desarrollo hasta llegar a materiales más tradicionales como balones), golpear con diferentes partes del cuerpo, con distintos objetos, botar balones con empujes o golpes con la mano derecha e izquierda o con ambas.

Al pensar en acciones relacionadas con las habilidades motoras básicas de estabilización planteamos actividades que se enfoquen en el desequilibrio y recuperación de éste en distintas superficies, ya sean anchas, angostas, irregulares, inestables; en distintas alturas, con inclinación y declinación, de pie o buscando otras posibilidades; cambiando cantidad de apoyos, ocupar materiales con ruedas como scooters, skates, bicicletas, patines, entre otras.

Ejemplo de ficha: N°1-8-25-26

A nuestro parecer, esta etapa es la más importante en cuanto al trabajo que debemos realizar como docentes o profesionales que tengan incidencia en la motricidad, en relación con entregar a nuestros estudiantes la mayor cantidad de posibilidades de aprender, diversificar y combinar las habilidades motrices básicas, con la finalidad de aumentar sus experiencias motrices, teniendo una amplia gama de posibilidades de acción motriz, también conocidas como acervo o bagaje motriz.

El objetivo es que el/a estudiante logré aplicar en diferentes contextos de manera eficiente la transferencia de este bagaje a su cotidianeidad en sus distintos quehaceres, al ámbito deportivo o a las expresiones artísticas.

También da una base sólida para complejizar las habilidades específicas y especializadas influyendo directamente sobre el resto de las áreas de desarrollo incrementando su potencial.

Por lo tanto, mientras más variado, más diversificado, más combinado, surtido y mezclado, des- de lo simple a lo complejo, se asegura un aumento progresivo en el bagaje motriz de los estudiantes.

Para ampliar el bagaje motriz o acervo motor a través del desarrollo de las habilidades motrices básicas queremos compartir con ustedes un cuadro que les permitirá crear una serie de combinaciones para transformar los distintos patrones motores en habilidades motoras básicas, titulado "Combina y crea tus habilidades motrices". Es muy sencillo de usar y útil, ya que permite variar las tradicionales combinaciones motrices y puede ser una ayuda para desarrollar tanto tu creatividad (cuando sientas que estas escasos de ideas) incluso para hacer desafíos nuevos o enseñar a los estudiantes a poder crear sus propias habilidades.

Consiste en tres columnas principales que contienen los patrones motores de locomoción, manipulación y estabilización (en azul) y luego ocho columnas que contienen factores relacionados con las posibilidades corporales, espaciales y temporales, entre otras (blanco).

Entonces para hacer habilidades motoras básicas puedes combinar dos de cada columna, por ejemplo, correr en línea rectas esto va a corresponder a una habilidad motora básica. Además, puedes crear una habilidad motora básica más compleja combinando tres o más columnas, por ejemplo, correr muy rápido en círculo, en la cual tiene más elementos que resolver y esto hará que los niños y niñas puedan experimentar más situaciones y aumentar su bagaje motriz.

También puedes combinar las columnas azules entre sí, pues no hay una estructura lineal. Este método nos ha sido de mucha ayuda en estos años, esperamos que a ti también.

CUADRO 5. "COMBINA Y CREA TUS HABILIDADES MOTRICES". ELABORACIÓN PROPIA.

Acción: locomoción	Acción: estabilización	Acción: manipulación	Conceptos temporales	Diseños de piso	Conceptos espaciales	Posibilidades corporales	Superficies	Niveles	Ejes	Planos
Rodar	Equilibrarse	Golpear	Marcando acento	Líneas Rectas	Arriba	Cabeza	Blanda	Alto	Antero-posterior	Sagital
Trepar	Colgarse	Lanzar	Marcando pulsos	Líneas curvas	Abajo	Frente	Dura	Medio	Céfalo podal	Frontal
Caminar	Inclinarse	Atrapar	Normal	Zigzag	Lado izquierdo	Oreja	Inclinada	Bajo	Per lateral o Lateral o transversal	Transversal
Gatear	Doblarse	Batear	Rápido	Semi círculo	Lado derecho	Mentón	Declinada			
Deslizarse	Empujar	Pinzar	Muy rápido	Círculo	Atrás	Mejillas	Pasto			
Nadar	Traccionar	Prensar	Lento	Cuadrado	Adelante	Hombros	Arcilla			
Correr	Estirarse	Rasgar	Muy lento	Rectángulo	Encima	Cuello	Resfalosa			
Galopar	Retorcerse	Desgarrar	Marcando el silencio	Triángulo	Debajo	Espalda	Esponjosa			
Subir	Girar	Deshilachar	Marcando negras	Pentágono	Entremedio	Codos	Tierra			
Bajar		Triturar	Marcando blancas	Óvalo	Diagonales	Antebrazo	Arena			
Caer		Enroscar	Marcando redondas	En forma de herradura	Frente a	Manos	Nieve			
Saltar		Desenroscar	Marcando corcheas	Dos líneas rectas	De espaldas	Dedos	Estables			
Cuadrupedias		Martillar	Marcando semicorcheas	Una fila	Cerca	Pecho	Inestables			
		Estrujar	"a contratiempo"	Dos filas paralelas	Lejos	Cintura	Agua			
		Enjabonar	Marcando la sincopa	Hilera	Alrededor	Cadera				
		Recortar		Dos hileras	A través	Piernas				
		Modelar		Líneas sinuosas		Muslos				
				Diagonales		Tobillos				
						Pies				
						Talones				
						Brazos				
						Nariz				

Para hacer habilidades motrices específicas (H.M.E) tendrías que fijarte que combinaciones puedes hacer según donde quieras apuntar la habilidad a desarrollar, por ejemplo, saltar y lanzar por sobre el hombro para algún predeportivo asociado al balonmano o basquetbol.

Jordi Díaz nos recuerda que las habilidades son una superación constante y progresiva de diferentes niveles o estadios que van de los más simples y sencillos a los más complejos y específicos y que estas constituyen las diferentes acciones de los deportes, de los juegos tradicionales, de las actividades de expresión, de las actividades en el medio natural, de la condición física, etc.

Algunos autores, analizando el desarrollo de las habilidades motrices, principalmente desde el mundo de la actividad deportiva, han determinado que, dentro de la evolución de las habilidades motrices específicas, hay un grupo de ellas que son comunes a distintos deportes cuando aún no han adquirido las características propias de la técnica deportiva. A este grupo de habilidades, le han llamado habilidades motrices genéricas, las cuales quedan insertas en su desarrollo entre las habilidades motrices básicas y las habilidades motrices específicas. Según Serra (1987) estas habilidades son: bote, conducción, pases, golpeos, finta, interceptación.

<u>Las habilidades motrices genéricas</u> se pueden entender como "Habilidades motrices resultantes de la combinación de más de una habilidad motriz básica, es decir, que presentan un mayor nivel de complejidad y concreción que las habilidades básicas, pero no llegan a ser habilidades motrices específicas y destacan por ser comunes a diferentes modalidades deportivas".
A continuación, explicaremos qué son las habilidades motrices específicas.

<u>Habilidades motrices específicas</u>
Las habilidades motrices específicas según Sánchez Bañuelo (1986) son "todas aquellas actividades de índole físico en torno a la consecución de un objetivo concreto enmarcado por unos condicionamientos previos y bien definidos en su realización".

<u>Las habilidades motrices específicas</u> son aquellas que, una vez desarrolladas las habilidades motoras básicas, se manifiestan por medio de un gesto técnico de una determinada actividad motriz, que se puede expresar en el ámbito del deporte, en técnicas de la expresión, la danza, el mundo laboral; puesto que constituyen la complejización de una habilidad que hasta este momento se ha ido diversificando de manera natural a través de la exploración motriz y la ludicidad.

Las habilidades motrices específicas se manifiestan por medio de acciones motrices que involucran un objetivo determinado. Desde esta perspectiva sugerimos actividades en las cuales se logre precisión, distancias, velocidades, coordinaciones específicas individuales y grupales, búsqueda del momento preciso (timing), fluidez. Siendo más precisos buscaremos actividades en las cuales las personas golpeen, intercepten, paren, de botes, hagan fintas, conduzcan, den pases, lancen, pateen o golpeen con precisión a arcos, cestos, conos, aros entre otros posibles objetivos.

<u>Habilidades motrices especializadas</u>

Sánchez Franyuti define las habilidades motrices especializadas como aquellas "que se diferencian de la anterior clasificación (habilidades específicas) porque la enseñanza, el aprendizaje y la práctica misma de las habilidades, tiene como fin la competencia deportiva, en ocasiones encaminada al alto rendimiento. Es aquí en donde se van trabajando a lapar la táctica y la técnica propia de cada deporte, el acondicionamiento físico".

Es decir, las habilidades motrices especializadas se desarrollan preferentemente en con-textos deportivos de competición, donde cada acción motriz se asocia a lo que conocemos como los fundamentos técnicos básicos del deporte, aplicados dentro de esquemas y situaciones tácticas de los mismos.

Pensando en los deportes de colaboración y oposición, dentro de un mismo deporte, un fundamento técnico básico puede ser utilizado de manera similar, pero no igual de acuerdo a la posición y rol que cumpla el deportista dentro del campo de juego.

En este ámbito también juegan un papel importante los Principios Específicos de cada deporte, tanto en el ámbito defensivo como ofensivo, porque de ellos depende también la manera en que los deportistas ponen en acción las distintas habilidades motrices especializadas.

Por ejemplo, un defensa central en fútbol realizará más pateos con la superficie de contacto empeine, que un mediocampista con la función de distribuir el juego que pateará el balón más veces con la superficie de contacto borde interno. Si bien ambos deportistas deben manejar las dos superficies de contacto, por la función posicional, se ocupa más una que la otra dentro del contexto del juego.

Desde esta perspectiva, nos parece importante mencionar que el desarrollo de las habilidades motrices especializadas no debiese ser parte de la estructura de la clase de educación física, pues éstas deben ser canalizadas desde la educación extraescolar deportiva y los clubes deportivos.

<u>Las cualidades físicas básicas</u>

Como se ha escrito anteriormente, el desarrollo de la motricidad humana es un conjunto de mecanismos que interactúan para la conformación de un sujeto íntegro. Por lo tanto, no podemos pensar que las cualidades físicas básicas, también conocidas como capacidades condicionantes, no se están desarrollando desde que nacemos; al contrario, de manera natural éstas se van expresando de distintas maneras y permiten consolidar el funcionamiento de los distintos sistemas orgánicos, especialmente, el locomotor, cardiovascular y respiratorio.

Álvarez del Villar (1983), las define como: "factores que determinan la condición física de un individuo y lo orientan para la realización de una determinada actividad física, posibilitando mediante el entrenamiento que un sujeto desarrolle al máximo su potencial físico"; mientras que Cañizares (2004) las entiende como "cualidades, potencialidades, factores, recursos que tiene el individuo, predisposiciones innatas factibles de mejora, y que se manifiestan en todas las habilidades motrices".

En concreto las cualidades físicas básicas son la fuerza, velocidad, resistencia y flexibilidad. También hay autores que hacen referencia a las cualidades físicas coordinativas en las cuales se alude a la coordinación y equilibrio, que para Carrera (2015) son "factores intrínsecos al movimiento, que determinarán la acción motriz, encargándose de organizar y regular el movimiento, sus aspectos cualitativos. De esta manera, podemos decir que estas capacidades constituyen la base o soporte motriz de todas las habilidades y destrezas ya mencionadas".

Por último, hay referencia a la agilidad como una cualidad física resultante de la combinación del uso de la fuerza y la velocidad.

¿Cómo se definen cada una de estas cualidades físicas?, ¿cómo se desarrollan a lo largo de la vida?, ¿cómo interactúan con las capacidades perceptivo-motrices y las habilidades motoras en el desarrollo motriz? son algunos de los elementos que vamos a mencionar en las siguientes páginas.

De manera especial queremos dejar un espacio a la agilidad, cualidad física derivada que en el periodo de desarrollo motor que comprende este escrito está muy presente en la acción de distintas capacidades perceptivo-motrices y habilidades motoras y por supuesto en las combinaciones que éstas ofrecen en ejercicios, juegos y actividades en general.

Al igual que las capacidades perceptivo-motrices y las habilidades motoras, las cualidades físicas se manifiestan a partir de las necesidades más primordiales del ser humano en la medida que el sistema nervioso, muscular y locomotor tienen las condiciones para que sean observables. Por ejemplo, un bebé de aproximadamente 6 meses necesita de fuerza muscular para sostenerse sentado o de flexibilidad para estirarse y alcanzar algún objeto que desee tomar.

Dada esta explicación es interesante no centrarse en las cualidades físicas sólo desde la perspectiva de la mejora de ellas para obtener rendimientos o como sucede muchas veces sean sólo una herramienta para satisfacer ciertos estereotipos. Si bien en las edades tempranas, por condiciones de desarrollo, no son una prioridad desde el punto de vista de la implementación del currículum, siempre están presentes e interactuando en toda acción motriz. Al respecto es interesante el análisis sistémico que realizan Castañer y Camerino (2006) donde se observan las influencias que se dan entre una y otras de acuerdo con la capacidad perceptiva y la cualidad física; las cuales se llevan a la acción mediante las habilidades motrices.

Cada una de las cualidades físicas básicas fuerza, velocidad, resistencia y flexibilidad más las cualidades físicas que se derivan de éstas como la agilidad, la potencia, la velocidad resistente, entre otras tienen un tiempo evolutivo particular de acuerdo con distintos factores que influyen los cuales pueden ser musculares, nerviosos, biomecánicos y hormonales. También podríamos agregar que en ciertos contextos los constructos sociales también han sido un factor determinante en el desarrollo de las cualidades físicas.

Las cualidades físicas tienen fases sensibles en las cuales están las condiciones óptimas para ser desarrolladas y, aunque hay autores que no las avalan del todo, sí hay evidencias que en determinadas edades se pueden desarrollar de mejor manera unas con respecto a otras, más aún dentro de las propias clasificaciones de cada cualidad física puede existir una fase sensible que sea óptima en distintas edades y etapas de la vida.

No es pretensión profundizar en aquello en este apartado porque es un tema muy específico, pero sí nos parece importante porque cuando estamos aplicando nuestras actividades docentes no podemos perder de vista que, como hemos dicho ya en reiteradas ocasiones, las capacidades perceptivo-motrices, las habilidades motoras y las cualidades físicas están en acción de manera simultánea.

Las cualidades físicas básicas son los componentes base de la Condición Física que en un sentido amplio incluyendo desde personas que realizan poca actividad física hasta aquellas que la realizan competitivamente Bonilla (2014) la define como "un estado fisiológico de bienestar que proporciona la base para las tareas de la vida cotidiana, un nivel de protección frente a las enfermedades crónicas y el fundamento para el desarrollo de actividades deportivas y, como tal, ésta se va construyendo desde pequeños y se consolida en la adultez, pero más aún debemos proyectarla hacia nuestra vejez como un factor protector para tener una vida saludable y autónoma."

¿Cómo desarrollar las cualidades físicas básicas en la educación infantil?

Una vez repasados algunos conceptos teóricos que nos ayuden a ordenar las ideas con respecto a las cualidades físicas básicas, en este apartado compartiremos de qué modo los hemos aplicado en nuestra experiencia profesional. Al igual que con las capacidades perceptivo-motrices y las habilidades motoras, no es nuestro objetivo instalar un modo, sino más bien sugerir distintas maneras que para ustedes los lectores puedan ser ideas sujetas de mejora o diversificación para su trabajo.

La fuerza

La fuerza en el contexto de la educación física se aborda de distintas maneras a lo largo de las bases curriculares.

En las edades más tempranas, se debe abordar el trabajo de la fuerza de manera general con acciones que permitan desarrollar la musculatura de manera natural con el propio peso del cuerpo. Más adelante, en la adolescencia, por medio de un trabajo más sistemático se puede orientar su desarrollo de manera más específica a través del entrenamiento, primero con pesos ligeros, luego con pesos submáximos.

Weineck (2005) la define como "la capacidad del sistema muscular para vencer, soportar, oponerse a una resistencia o ejercer una fuerza externa", mientras que para Tous (1999) es "la capacidad del músculo de generar tensión contra una resistencia". Estas definiciones generales son adecuadas para aplicarlas dentro del contexto del desarrollo natural de la fuerza.

La fuerza se puede clasificar de varias maneras: por una parte, de acuerdo con el tipo de contracción que genera el músculo podremos diferenciar entre la fuerza isométrica y la fuerza isotónica; mientras que cuando la diferenciación de la fuerza está dada por la resistencia a la cual se opone podemos distinguir la fuerza máxima, la fuerza explosiva y la fuerza resistencia según Stubler citado por Matveev en 1992. Letzelter (1986), por su parte, distingue la fuerza máxima, fuerza rápida y resistencia de fuerza.

La evolución de la fuerza se observa desde edades tempranas para responder a necesidades propias del crecimiento, progresando de manera lenta durante la infancia, y sin diferencias entre hombres y mujeres. Es hacia la adolescencia cuando se incrementa su desarrollo y existen diferencias más acentuadas entre géneros, logrando su máxima expresión en la adultez, aproximadamente 30 años cuando tanto mujeres como hombres logran el máximo desarrollo de su fuerza.

Los factores que condicionan la fuerza pueden ser de tipo fisiológicos, hormonales, mecánicos e incluso psicológicos. Algunos de ellos son el tipo de fibra muscular que componen los músculos, la disposición de las fibras musculares, la coordinación intramuscular, el brazo de la palanca al momento de ejercer la fuerza, la cantidad de algunas hormonas circulantes en el torrente sanguíneo y músculos.

Considerando los beneficios que tiene para los/as infantes el desarrollo de la fuerza, principalmente, a través del uso del propio cuerpo, nos aventuramos a sugerir actividades en las cuales los estudiantes desde que son párvulos, puedan tener como utilidad ser su propio soporte locomotor que les permita realizar las habilidades motrices, tales como trepar, saltar, empujar, traccionar, colgarse, entre otros; las cuales tienen como punto en común que son habilidades que intrínsecamente están asociadas con el uso de la fuerza y la potencia.

Consideramos que en la primera infancia los niños/as deben trabajar con su propio peso, y en la medida que van creciendo hasta la adolescencia ocupar pesos livianos y de manera progresiva.

La forma en que nosotros lo realizamos es priorizando el desarrollo de habilidades desde lo natural y lúdico, antes de estereotipar con el desarrollo de la fuerza mediante el levantamiento de pesas por sí solas. En este sentido, algunas acciones pueden ser empujar balones medicinales o de pilates, trepar árboles, colchonetones, cajones de saltos, colgarse de ramas, barras, pasamanos, traccionar cuerdas, saltar obstáculos, troncos que están botados, aros, marcas que están en el suelo, etcétera.
Actividades que ayudan a desarrollar la fuerzas las puedes encontrar en las fichas: 31- 32-35-36_

La resistencia

La resistencia es definida en términos generales como la capacidad de realizar una actividad física durante un tiempo prolongado retardando al máximo la aparición de la fatiga. Grosser (1985) la considera como la "capacidad de resistencia contra el cansancio al efectuar un esfuerzo duradero y la capacidad de recuperación rápida". Por otro lado, nos parece interesante considerar la definición de Weineck, J (1985) porque contiene el factor emocional de la persona cuando se enfrenta a una situación de resistencia. Él la define como la "capacidad psicofísica del deportista para resistir la fatiga" porque considera también el factor emocional, psicológico que está presente en un deportista cuando se ve enfrentado a esfuerzos prolongados.

Este mismo autor menciona la existencia de distintos tipos de resistencia de acuerdo con el origen o perspectiva desde la cual se analiza. Si la observamos desde la cantidad de musculatura implicada en el ejercicio se distingue la resistencia local y la general. Cuando el punto de observación es la adscripción a la modalidad se diferencian entre resistencia general y específica. Si se trata de clasificarla por el sustrato energético que se ocupa en su desarrollo hablaremos de resistencia anaeróbica y aeróbica.

Por último, desde el punto de vista del trabajo motor que realiza el sujeto podemos distinguir la resistencia de fuerza, la resistencia de fuerza rápida y la resistencia de velocidad.

La evolución de la resistencia está marcada por un aumento constante desde la infancia a la adolescencia, presentando un estancamiento hacia los 11 años. Luego viene un aumento significativo que se observa mayor en hombres que en mujeres. Entre la segunda y tercera década de vida es cuando se presenta la mayor capacidad de hacer esfuerzos de resistencia, ya sean aeróbicos o anaeróbicos.

Desde nuestro punto de vista la resistencia, junto con la fuerza, son aquellas cualidades físicas que es muy importante desarrollar por lo que representan para el sistema locomotor y cardiovascular proyectado hacia la adultez y la vejez, sobre todo ahora que las expectativas de vida son mayores tanto en hombres como en mujeres.

Los principales factores que influyen en la resistencia están determinados por el funcionamiento del Sistema Nervioso Central, el tipo de fibras musculares, la actividad enzimática, los suministros energéticos, algunos parámetros cardiovasculares y la capacidad psicológica y volitiva del sujeto para enfrentarse a esfuerzos prolongados.

La resistencia, cuyo principal objetivo es oponerse a la fatiga muscular, también se desarrolla desde las edades tempranas. Si bien su fase sensible es hacia la adolescencia, ésta se puede desarrollar desde pequeños a través de juegos y actividades que mantengan a los estudiantes durante algún periodo de tiempo realizando dichas actividades de manera continua, por ejemplo, un recorrido motor que se realiza varias veces o saltar la cuerda, ir y volver varias veces con objetos, algunos juegos tradicionales como el manseque, el elástico, policías y ladrones, Juanito el bandolero, entre otros. Con algunos implementos más deportivos podemos propiciar que los estudiantes anden en patines, bicicleta, scooter, skates. También dentro del grupo de actividades podemos pensar en los distintos juegos de relevos en los cuales podemos hacer la modificación de que los estudiantes repitan varias veces consecutivas la acción que le juego propone.

En otra línea podemos acudir a todas aquellas actividades ligadas al baile puesto que la mayoría de ellos dura más de tres minutos. Siempre durante el año enseñamos un baile tradicional de nuestro país, pero también podemos incluir bailes de otros países, la expresión corporal, la danza contemporánea, la gimnasia aeróbica, el step, bailes emergentes urbanos.

Pueden observar las fichas N°: 5 - 6.

Otras actividades están ligadas a la actividad física al aire libre como las caminatas de larga duración, cicletadas, corridas, y en general todos aquellos deportes que son en contacto con la naturaleza.

<u>La velocidad</u>

La velocidad según Torres (1986) es "la capacidad que nos permite realizar un movimiento en el menor tiempo posible, a un ritmo máximo de ejecución y durante un periodo breve que no produzca fatiga", mientras que para Grosser (1992) es "capacidad de conseguir, en base a procesos cognitivos, máxima fuerza volitiva y funcionalidad del sistema neuromuscular, una rapidez máxima de reacción y de movimiento en determinadas condiciones establecidas".

La velocidad también se manifiesta de distintas maneras, pues para Harre de acuerdo con el tipo de acción motriz que se realiza las divide en velocidad cíclica y acíclica; mientras que muchos autores las clasifican en velocidad de reacción, velocidad gestual y velocidad de desplazamiento. Schiffer (1993) cuyo concepto de la velocidad se basa desde la acción motora y no desde el desempeño deportivo, la clasifica en velocidad de reacción, en velocidad de acción (movimiento) cuando ésta se manifiesta en movimientos acíclicos y en velocidad de frecuencia cuando ésta se realiza en movimientos cíclicos.

En cuanto a la evolución de la velocidad se puede mencionar que de acuerdo con el tipo de velocidad hay una variación de las fases sensibles. Entre los 6 y 9 años están las condiciones neuronales mejorando la velocidad de reacción, mientras que cerca de los 10 y 11 años se ve más favorecido el mejoramiento de la velocidad gestual y de desplazamiento. Hacia los 12 años hay un estancamiento de la velocidad, influida principalmente por el crecimiento físico, mientras que hacía los 17 años se puede desarrollar con más eficiencia la velocidad máxima.

Son muchos los factores que influyen en la velocidad, encontrando entre ellos hereditarios, de género, de aprendizaje, tendomusculares, constitución corporal, edad; cada uno de los cuales entrega información muy interesante porque permite analizar de qué manera se puede desarrollar esta cualidad física desde nuestro quehacer pedagógico.

Para desarrollar la velocidad no debemos olvidar sus variantes, lo cual es muy importante al momento de considerar la edad y el tipo de velocidad. De este modo en las edades tempranas la velocidad se va gestando de manera paralela a las capacidades coordinativas, los tipos óptimos de trabajar son la velocidad de reacción y de desplazamiento.

Algunos ejemplos de actividades para la velocidad de reacción son todas aquellas en las cuales por medio de una señal sonora o visual se tiene que realizar una persecución, actividades en las cuales hay que atrapar un objeto, por ejemplo, en parejas un estudiante que está parado detrás del otro con una pelota plástica, la lanza por sobre la cabeza y el estudiante que está adelante tiene que atraparla antes que caiga o luego del primer bote.

Pueden ver las fichas 3 - 4 - 6.

En cuanto a la velocidad de desplazamiento, algunas actividades propicias son las pintas, los relevos, hacer actividades en contra del tiempo, carreras de corta distancia, siendo muy tajantes en este sentido en no hacerlas de manera competitiva en la cual quienes sean más rápidos sientan que son mejores que los demás, pues no es el foco en el ámbito escolar, menos en edades en las cuales todavía se están desarrollando desde la perspectiva de las habilidades motoras básicas.

<u>La flexibilidad</u>

La flexibilidad se entiende según Hahn (citado por Padial, 2001) como "la capacidad de aprovechar las posibilidades de movimiento de las articulaciones, lo más óptimamente posible". Weineck, J (2005), refiere a la flexibilidad como un sinónimo de la movilidad, la cual a su vez define como "la capacidad y cualidad del deportista que le permite efectuar movimientos de una gran amplitud de recorrido, por sí mismo y bajo el influjo de fuerzas de apoyo externas, en una o en varias articulaciones".

También este autor sostiene que la flexibilidad es una capacidad intermedia entre las capacidades coordinativas y las físicas.

La flexibilidad se clasifica en estática y dinámica según Fleischman, mientras que Weineck clasifica la movilidad en general y específica, activa, pasiva y estática. Un buen desarrollo de la flexibilidad o movilidad es muy importante desde el punto de vista de la calidad que se logra en la acción motriz cuando ésta ha logrado un desarrollo óptimo.

Desde el punto de vista evolutivo esta capacidad encuentra su fase sensible en los primeros años de infancia y, a diferencia de las capacidades físicas anteriormente descrita a medida que pasan los años va decreciendo, lo cual no se aprecia fuertemente entre los 6 y 12 años, pero a partir de esa edad aproximadamente a causa del crecimiento y de los cambios hormonales.

Considerando los elementos descritos podemos mencionar que algunos de los factoresque influyen en la flexibilidad son la composición corporal, la actividad física del sujeto, laactividad hormonal, la edad, el género, entre otros.

De acuerdo con lo anterior, pensamos que entre los 3 y 9 años aproximadamente, es importante realizar la mayor cantidad de actividades de manera natural tratando de diversificarse de modo que puedan variar los rangos de movilidad articular y elasticidad muscular.

También es preciso hacer conscientes en los estudiantes la importancia de la flexibilidad en el largo plazo como un factor de bienestar porque su buen desarrollo permitirá en la adultez y vejez tener mejor calidad de movimientos, sosteniendo junto a la fuerzael aparato locomotor. Por lo tanto, hay que crear un hábito para no centrarse sólo en las otras cualidades físicas. Por nuestra parte, incluir en las clases espacios de desarrollo de la flexibilidad no sólo al final de nuestras clases cuando hacemos los ejercicios de estiramientos o elongaciones, sino también como parte de los ejercicios principales de nuestrasclases, especialmente, desde la preadolescencia en adelante para retardar o minimizar la involución de esta cualidad física básica.

Vean las fichas: 28 - 33.

<u>La agilidad</u>

La agilidad es una cualidad física derivada, producto de la interacción de varias cualidades físicas básicas. En este caso podemos afirmar que la velocidad, la fuerza e incluso la flexibilidad, en su conjunto se complementan para determinadas acciones que permiten que el sujeto pueda cambiar de dirección de manera rápida y eficiente ante distintos estímulosintencionales sin perder el control del cuerpo, por lo cual se infiere que la capacidad perceptiva motora equilibrio también cumple un rol importante en el desarrollo de la agilidad.

Sheppard y Young (2006) proponen una definición de agilidad como "el movimiento rápido de todo el cuerpo con cambio de velocidad y cambio de dirección en respuesta a un estímulo", considerando en ésta la integración de aspectos físicos, cognitivos y biomecánicos, mientras que Jones & Nimphius (2019) la definen como "un movimiento rápido ypreciso de todo el cuerpo con cambios de velocidad, dirección o patrón de movimiento en respuesta a un estímulo".

Los elementos que componen la agilidad están relacionados con aquellos que permitenresponder a los estímulos intencionales que la ponen en acción como la percepción visual, la anticipación, la toma de decisiones, la aceleración, la desaceleración y las cualidades físicas antes mencionadas. Siguiendo a Young (2006) los factores que inciden en la agilidadson aquellos de orden técnico, los físicos y los perceptivos cognitivos.

Una etapa propicia para poder desarrollar la agilidad es entre los 6 y 10 años, momentos en los que coincide con el desarrollo de la velocidad de reacción, la maduración de lascapacidades coordinativas y la fuerza.

Considerando los componentes de la agilidad, podemos buscar todas aquellas actividades en las cuales los estudiantes puedan realizar cambios imprevistos de dirección en velocidad, como también proponer que hagan recorridos con distintos obstáculos contra el tiempo. Este tipo de ejercicios, actividades o juegos son muy atractivos en las edades primarias porque desafía a los estudiantes a aplicar sus habilidades

En este sentido proponemos la mayor cantidad de pintas posibles, las cuales por sí solas ya tienen un componente de agilidad implícito asociado a la habilidad motora de esquivar. Realizar recorridos motrices en los cuales los estudiantes tengan que cambiar abruptamente de niveles, por ejemplo, saltar, agacharse, pasar por debajo de, encima de,entre, etcétera. También incluye cambios de orientaciones espaciales como ir a la derecha, a la izquierda, devolverse, realizar trayectos diagonales o curvos; considerando siempre lavelocidad como un elemento central de la actividad.

.

SEGUNDA PARTE

ENRIQUECE TUS PRACTICAS

En el capítulo anterior hicimos un recorrido de la literatura que nos orienta en el cono- cimiento del área motora, el cual nos da las directrices para desenvolvernos en nuestros espacios laborales, principalmente, en la clase de educación física y salud.

En este espacio queremos compartir cómo hemos llevado a la práctica la motricidad desde las distintas experiencias profesionales que hemos tenido, a través de sugerencias de actividades enfocadas al desarrollo de ésta desde la educación parvularia hasta el sexto año de enseñanza básica aproximadamente (primaria), puesto que hemos puesto el foco desde el desarrollo de los factores perceptivo-motrices hasta las habilidades motoras específicas.

Entendemos que las actividades motrices, expresadas a través de acciones, juegos, expresiones artísticas, danzas, deportes, entre otras, son el motor de nuestro quehacer; y, por tanto, deben ser seleccionadas de manera minuciosa para que cumplan con el objetivo del proceso de desarrollo o de aprendizaje de acuerdo a las distintas etapas, edades y contexto de los estudiantes. Por ello, enfatizamos en que no podemos caer en el activismo, sino que debemos pensar cada actividad con un sentido pedagógico que se centre en el estudiante. Jordi Díaz (2001) dice que "las decisiones que el profesor toma en el diseño y desarrollo de las programaciones están condicionadas por su formación docente, nivel de experiencia, por las teorías implícitas que éste tiene sobre la enseñanza y por su actitud frente al acto didáctico".

En este aspecto hemos seleccionado una serie de actividades considerando algunos criterios (no tienen que ser los únicos) que a nosotros nos hacen sentido al momento de pensar en la actividad dentro del desarrollo de una unidad didáctica. No constituye un recetario de actividades, más bien una propuesta que puede ser el punto de partida para planificar mejor nuestras clases.

Aspectos para considerar en la preparación y planificación de las actividades.

Como vimos anteriormente las capacidades perceptivo-motrices constituyen la base de la acción motriz y del desarrollo de las habilidades motrices en general. Esto implica que, de acuerdo con la etapa de desarrollo o edad, estas están en proceso o ya desarrolladas influyendo directamente en la probabilidad de realizar con éxito o no determinadas actividades por parte de los estudiantes.

Por ejemplo, no es lo mismo jugar un juego tradicional tan simple como el luche en prekínder que en segundo básico, porque en la edad de 3 a 4 años en los estudiantes la equilibración y la coordinación está aún en proceso de desarrollo, tal como la habilidad motora básica saltar que se encuentra en el estadio elemental, por lo tanto, que el estudiante logre saltar de un pie a un pie, de un pie a dos pies, de dos pies a dos pies todavía es una acción motriz difícil de conseguir. En cambio, hacia los 7 años cuando cursan segundo básico, todo lo anterior ya se ha desarrollado y es factible de hacer con mayor éxito.

Incluso, si nos remitimos a la adolescencia, en la etapa del crecimiento físico (estirón), en ellos se produce un desajuste de las capacidades perceptivas y sería lógico reeducarlas por medio de distintas actividades que se complementen con el aprendizaje de habilidades motoras específicas o especializadas pensando en la actividad deportiva o en el desarrollo de otras actividades motrices como la danza, expresión corporal, las actividades circenses, entre otras.

Es importante que al pensar en las actividades que vamos a desarrollar con nuestros estudiantes consideremos la complejidad de éstas de modo que por una parte sean factibles de realizar, pero también tengan un grado de complejidad que permita visualizar un aprendizaje o superación de sí mismo/a al realizarla.

En este aspecto hay varios elementos que son importantes tomar en cuenta, tales como el desarrollo próximo-distal, céfalo-caudal, la cantidad de reglas en los juegos (simples-complejos), el uso de material manipulable por los estudiantes, el espacio de juego, diseño de piso. A partir del logro de estas acciones estaremos en condiciones de realizar progresiones que desafíen y motiven a los estudiantes a diversificar o lograr nuevos aprendizajes motores.

Las actividades deben tener un sentido que se estructure desde lo macro hasta lo micro, que es la clase misma, que "converse" con el proyecto institucional, el sentido del sector o departamento para el cual uno trabaja, las bases curriculares, la planificación del nivel, la unidad didáctica. Todo ello se va a reflejar en una actividad pertinente, asertiva y con sentido en búsqueda de un objetivo que va relacionado con la formación integral del estudiante, es decir, toda actividad debe tener un impacto en el corto o largo plazo, aunque muchas veces sea imperceptible a la vista.

La toma de decisiones está presente durante toda nuestra vida. En la medida que vamos creciendo la cantidad e importancia que ellas tienen son más relevantes para cada una de las personas, por ende, es trascendente ocupar nuestro espacio educativo para fomentarlas.

A partir de aquello, al planificar debemos pensar en la cantidad y complejidad de las decisiones que los estudiantes deben tomar en las actividades propuestas. Es importante en este aspecto, que sean desde pocas a muchas, desde lo individual a lo colectivo, desde lo concreto a lo abstracto, simple a complejo.

Las capacidades decisionales se aplican dentro del proceso de ejecución de una tarea motriz, pues primero se accede a ella a partir de un proceso perceptivo - cognitivo, en la cual se realiza un análisis de la tarea, luego viene el proceso de toma de decisiones con respecto a ella, lo que finalmente conlleva a la respuesta motriz; que permitirá al sujeto determinar el éxito o fracaso de la acción realizada en función de la tarea motriz; tres fases que en conceptos de Kozang, (1992); Iglesias, et al, (2002), son denominadas como preparación de la decisión (análisis y posibilidad de acción), acto de decisión (utilización de gesto técnico-táctico) y realización y control (ajustes y valoración de la acción).

Si bien la literatura enfoca la toma de decisiones principalmente desde la perspectiva de los deportes, para nosotros tiene una mirada más amplia la cual se puede observar desde el juego libre o espontáneo e ir educándo-se desde edades tempranas por medio de juegos dirigidos que permitan a los estudiantes tomar conciencia de los aspectos perceptivo y cognitivos que tiene toda acción motriz.

Desde esta perspectiva, y sin profundizar en ello, podemos mencionar que la complejidad de una tarea motriz va a depender de una serie de factores, de los cuales Eduardo Muñoz menciona los siguientes: número de decisiones a tomar en función de la tarea, número de respuestas alternativas, tiempo requerido para la decisión, nivel de incertidumbre, nivel de riesgo que comporta la decisión orden secuencial de las acciones, cantidad de información a recordar para tomar la decisión.

Es importante señalar también, que la toma de decisiones es más compleja en el desarrollo de habilidades abiertas por sobre las habilidades cerradas, lo cual también se transfiere en la estructura de los deportes.

Tomando en cuenta a autores como Díaz Lucea, Young, Ruiz, y nuestra experiencia proponemos un listado de capacidades decisionales que nos parecen importantes para visibilizar en la planificación de actividades dentro de las clases, puesto que también fomentan la comprensión de las capacidades decisionales por parte del estudiante y dan sentido a nuestra labor docente y pueden ser transferidas a la vida diaria:

1. Verbalizar.
2. Anticipar la jugada.
3. Inferir movimientos de los adversarios (relación táctica uno a uno)
4. Conocer modelos previos de los adversarios(relación estratégica del equipo adversario).
5. Formar un plan estratégico.
6. Asumir riesgos.
7. Proyectar el éxito.
8. Marcar.
9. Desmarcar.
10. Interceptar.
11. Hacer coberturas.

Cuadro 6: Capacidades decisionales. Elaboración propia.

Prioridad dentro del contexto laboral.

Todo Proyecto Educativo Institucional (PEI) está estructurado desde una misión y una visión que lo identifica como institución, lo cual se ve reflejado en su estilo o sello institucional. En este sentido la Educación Física y el Deporte al interior de los establecimientos también se organizan y funcionan desde aquellos lineamientos, por lo cual los sectores o departamentos de educación física determinan la manera de enfocar la actividad física. Así habrá colegios que se enfocan desde lo competitivo y organizan las clases y el deporte desde el rendimiento, otros priorizan la variedad de actividades deportivas y organizan las clases y deportes con una oferta amplia de actividades deportivas y puede haber otros colegios que priorizan lo formativo con participación en competencias y desde ahí enfocan las clases de educación física pensando en todos y todas, pero en las selecciones deportivas tienen un enfoque de competencia. Obviamente, puede haber otros modelos, pero lo importante es que los profesores tenemos que adherir a esos estilos o proponer otras posibilidades que aporten al PEI y desde ahí es dónde vamos a pensar y planificar nuestras clases y actividades.

A nuestro juicio, en nuestro país aún falta mejorar en cuanto a que los PEI sean integrales, puesto que la mayoría de ellos se enfoca en estilos cognitivos que no incluyen la motricidad humana, las artes, el pensamiento complejo como elementos importantes en la formación de las personas y como vía de aprendizaje de distintos saberes, sobre todo en las edades tempranas, por lo cual es importante estar reflexionando e innovando cons-tantemente nuestras prácticas educativas, por lo cual proponemos la educación continua como herramienta fundamental en nuestra profesión.

En esta parte del libro queremos compartir con ustedes un modelo de ficha que pueda enriquecer sus prácticas educativas, más que desde la actividad misma, desde el modelo de ficha que incluye una serie de elementos que nos parecen interesantes para poder analizar las actividades que generalmente hacemos para que cumplan con el objetivo que esperamos en nuestra clase.

Algunos elementos que contienen son comunes a muchos tipos de fichas de actividades. Nosotros sólo hacemos una propuesta en cuanto al curso, dependencia, espacio, minutos y materiales. Según el contexto cada lector debe tomar la decisión de cómo abordar la actividad, como también hacer las modificaciones que estimen pertinentes a la descripción de cada una.

Por otra parte, hay una serie de elementos que a nosotros nos parecen novedosos y creemos que pueden aportar en sus clases. Los describimos brevemente a continuación:

Intensidad: la OMS hoy nos propone realizar 60 minutos de actividad física diaria y también ha clasificado los ejercicios en ligeros, moderados y vigorosos. A través de estos símbolos podrás saber si la actividad propuesta corresponde a una de estas categorías:

	Cara sin sudor	Actividad de intensidad ligera
	Cara con 3 gotas de sudor	Actividad de intensidad moderada
	Cara con 5 gotas de sudor	Actividad de intensidad vigorosa

Cuadro 7: Intensidad de la actividad.

Ejes motrices: para elegir aquellas actividades precisas para los aprendizajes o estímulos que queremos intencionar durante las clases, proponemos detenerse a pensar cada actividad y analizar cómo se ven reflejados en esta los diferentes ejes motrices.

Eje de capacidades decisionales, las que hemos elegido están relacionadas con nuestro análisis en función de las experiencias vividas con estas actividades, por lo cual creemos que es una propuesta en la cual el lector puede estar de acuerdo, entender que se pueden sumar, restar o cambiar con otras según su propia perspectiva de la actividad.

Indicadores de evaluación: la evaluación es parte importante de nuestros procesos educativos. Al inicio, durante o al final de cada unidad didáctica podemos evaluar con nuestras actividades y, por ende, definir algunos indicadores para nutrir los instrumentos de evaluación puede ser de gran ayuda.

Propuesta de instrumentos: Dejar mencionados instrumentos que son posibles de utlizar en nuestras evaluaciones también es importante y puede ayudar en a planificación de la unidad didáctica:

Actividades para realizar en nuestras clases:

<table>
<tr><td colspan="5" align="center">Nombre de la actividad
Pinta imán</td></tr>
<tr><td colspan="5">N°1</td></tr>
<tr><td align="center">Curso</td><td align="center">Espacio</td><td align="center">Tiempo</td><td align="center">Intensidad</td><td align="center">Materiales</td></tr>
<tr><td align="center">Kinder</td><td align="center">Cancha</td><td align="center">10´</td><td></td><td align="center">Sin materiales</td></tr>
<tr><td colspan="5" align="center">Ejes motrices</td></tr>
<tr><td colspan="5">Capacidades sensoriales: cinestésico-visual
Capacidades perceptivas: espacialidad, praxia global.
Habilidad motora: rodar para un lado y otro, esquivar hacia los lados, correr en distintas direcciones.
Cualidades físicas básicas: resistencia.
Capacidades decisionales: anticipación, Inferir movimientos de los adversarios.</td></tr>
<tr><td colspan="5" align="center">Descripción</td></tr>
<tr><td colspan="5">Los estudiantes se dividen en un grupo que pilla y uno que arranca. Los estudiantes que arrancan y son pillados, deben acostarse en el suelo y rodar hasta encontrarse con otro compañero/a pintado/a. Cuando se juntan como imanes se liberan y pueden seguir arrancando.

Cada dos minutos y medio, cambiar los roles.</td></tr>
<tr><td colspan="3" align="center">Indicadores de evaluación</td><td colspan="2" align="center">Propuesta de Instrumentos</td></tr>
<tr><td colspan="3"><ul><li>Logran rodar sin perder el control corporal.</li><li>Corren cambiando de dirección de manera rápida y controlada.</li><li>Esquivan a sus compañeros.</li></ul></td><td colspan="2"><ul><li>Lista de cotejo.</li><li>Escala de apreciación.</li></ul></td></tr>
</table>

<table>
<tr><td colspan="5" align="center">Nombre de la actividad
Pilla la cuerda

N°2</td></tr>
<tr><td align="center">Curso</td><td align="center">Espacio</td><td align="center">Tiempo</td><td align="center">Intensidad</td><td align="center">Materiales</td></tr>
<tr><td>Pre kinder Kinder</td><td>Cancha</td><td align="center">10´</td><td></td><td align="center">Una cuerda por pareja. Otras posibilidades de materiales: cinta, bufanda, etc.</td></tr>
</table>

Ejes motrices

Capacidades sensoriales: visual
Capacidades perceptivas: temporalidad, praxia global, praxia fina.
Habilidad motora: correr.
Cualidades físicas básicas: resistencia.
Capacidades decisionales: Anticipar la jugada, Inferir movimientos de los adversarios, asumir riesgos

Descripción

Los estudiantes se juntan en parejas. Uno de ellos sostiene una cuerda (A). A la señal, el estudiante que tiene la cuerda arranca y el otro estudiante (B) debe correr detrás hasta pisar la cuerda. En ese momento, hay cambio de roles, B sostiene la cuerda y A intenta pisarla.

Indicadores de evaluación	Propuesta de Instrumentos
<ul><li>Logran rodar sin perder el control corporal.</li><li>Corren cambiando de dirección de manera rápida y controlada.</li><li>Esquivan a sus compañeros.</li></ul>	<ul><li>Lista de cotejo.</li><li>Escala de apreciación.</li></ul>

<table>
<tr><td colspan="5" align="center">Nombre de la actividad
El número que corre</td></tr>
<tr><td colspan="5"><h2>N°3</h2></td></tr>
<tr><td>Curso</td><td>Espacio</td><td align="center">Tiempo</td><td align="center">Intensidad</td><td align="center">Materiales</td></tr>
<tr><td>Kinder</td><td>Cancha</td><td align="center">10´</td><td></td><td>Cono u otro para delimitar la distancia entre lineas</td></tr>
</table>

Ejes motrices

Capacidades sensoriales: auditiva
Capacidades perceptivas: temporalidad, espacialidad, noción corpórea.
Habilidad motora: básica combinada de patrones agacharse, levantarse y correr.
Cualidades físicas básicas: velocidad de reacción y velocidad de desplazamiento. Capacidades decisionales: Proyectar el éxito.

Descripción

Los estudiantes se acuestan en una sola fila de cúbito abdominal detrás de una línea. El docente los enumera:1-2-3-4-5-1-2-3-4-5…
Cuando el docente menciona uno de estos números, todos los que tienen ese número asignado corren hacia el frente hasta la siguiente fila a 5 metros de distancia y se colocan de cúbito abdominal nuevamente.
Variantes: partir desde posición sentados, pararse, girar y correr hacia atrás, acostados de espalda, girar y correr de frente, parados y avanzar dando saltos con los pies juntos.

Indicadores de evaluación

- Ver referencia de descripción de patrón motor correr de David Gallahue o Ralf Wilckstrom estadio elemental (se sugiere sólo para evaluación formativa porque se trata de un estadio madurativo, no aprendizaje).
- Reacciona rápido frente al estímulo sonoro (voz).
- Reconocen distintas posiciones corporales como ventral, dorsal, cuadrupedia y podal.

Propuesta de Instrumentos

- Escala de apreciación determinada por descripción del indicador.

N°4	Nombre de la actividad Pinta cachipún				
	Curso	**Espacio**	**Tiempo**	**Intensidad**	**Materiales**
	Kinder	Cancha	7´- 10´		Sin materiales

Ejes motrices

Capacidades sensoriales: visual
Capacidades perceptivas: praxia global, noción corpórea (esquema corporal) Habilidad motora: correr con cambios de velocidad.
Cualidades físicas básicas: velocidad de reacción, resistencia. Capacidades decisionales: Anticipar la jugada, Inferir movimientos de los adversarios, Formar un plan estratégico, Proyectar el éxito.

Descripción

Un grupo de estudiantes pillan y el otro arranca. Cuando un/a estudiante alcanza a otro/a y lo toca, ambos se detienen y juegan cachipún (papel, tijera, piedra). Si gana el que está pillando, hay cambio de roles y si pierde, debe seguir pillando.

Indicadores de evaluación

- Ver referencia de descripción de patrón motor correr de David Gallahue o Ralf Wilckstrom estadio elemental (se sugiere sólo para evaluación formativa porque se trata de un estadio madurativo, no aprendizaje).
- Realiza cambios de velocidad desde carrera normal a rápida y muy rápida.

Propuesta de Instrumentos

- Escala de apreciación determinada por descripción del indicador.

Nombre de la actividad **Los guardianes**				
N°5				
Curso	**Espacio**	**Tiempo**	**Intensidad**	**Materiales**
1º a 4º básico	Cancha	15´		2 o más colchonetas

Ejes motrices

Capacidades sensoriales: auditiva o visual
Capacidades perceptivas: praxia global.
Habilidad motora: esquivar hacia los lados. Cualidades físicas básicas: resistencia.
Capacidades decisionales: conocer modelos previos de los adversarios, formar un plan estratégico, marcar, desmarcar.

Descripción

Se disponen dos colchonetas, una a cada extremo de la cancha en diagonal entre ambas. Arriba de una de ellas se coloca un grupo de estudiantes (monos) y en la otra otro grupo de estudiantes (elefantes). Al medio queda un tercer grupo de estudiantes que son los guardianes.
Cuando el docente da una señal sonora o visual los elefantes deben correr a la zona de los monos y viceversa. Si los guardianes los atrapan, éstos se transforman en guardián.

Indicadores de evaluación	**Propuesta de Instrumentos**
• Logran llegar a la otra colchoneta esquivando a los pilladores al menos el 60% de las veces.	• Rúbrica

<table>
<tr><td colspan="5">Nombre de la actividad
Pinta del abecedario

N°6</td></tr>
<tr><td>Curso</td><td>Espacio</td><td>Tiempo</td><td>Intensidad</td><td>Materiales</td></tr>
<tr><td>1º a 2º Básico</td><td>Cancha</td><td>10´</td><td></td><td>Ninguno o láminas que indiquen la letra</td></tr>
</table>

Ejes motrices

Capacidades sensoriales: auditiva
Capacidades perceptivas: praxia global, espacialidad.
Habilidad motora: correr con cambios de direcciones.
Cualidades físicas básicas: velocidad, resistencia.
Capacidades decisionales: Verbalizar, inferir movimientos de los adversarios, asumir riesgos.

Descripción

La mitad del grupo curso pilla y la otra arranca. El docente grita una letra del abecedario y los estudiantes corren en distintas direcciones a pillar. Cada vez que un/a estudiante que arranca es pillado, para librarse debe gritar una palabra que empiece con letra que el docente indicó. Luego de unos minutos, cambian de roles.

Indicadores de evaluación	**Propuesta de Instrumentos**
<ul><li>Los estudiantes realizan cambios de direcciones para esquivar a sus compañeros/as.</li><li>Identificar palabras que empiezan con la letra con la que se está jugando (interdisciplinario).</li></ul>	<ul><li>Escala de apreciación</li></ul>

	Nombre de la actividad Juego con globos				
N°7					

Curso	Espacio	Tiempo	Intensidad	Materiales
Pre kinder Kinder 1º Básico	Cancha	15´		Globos

Ejes motrices

Capacidades sensoriales: cinestésica
Capacidades perceptivas: noción corpórea (esquema corporal).
Habilidad motora: golpear con diferentes partes del cuerpo.
Cualidades físicas básicas: flexibilidad.
Capacidades decisionales: proyectar el éxito

Descripción

Cada estudiante tiene un globo inflado. A la señal, el docente indica con qué parte del cuerpo debe golpear el globo tratando de que éste no caiga al suelo: con las manos, con los codos, con la cabeza, con la nariz, con el muslo, etc.-
Variante: realizar una secuencia simple, por ejemplo, mano-cabeza-mano; brazo-muslo-cabeza; etc.-

Indicadores de evaluación	Propuesta de Instrumentos
<ul><li>Reconocer distintas partes del cuerpo.</li><li>Aplicar secuencias de movimientos ocupando su memoria motriz.</li></ul>	<ul><li>Escala de apreciación</li></ul>

<table>
<tr><td colspan="5">Nombre de la actividad
Juego "Simón dice".

N°8</td></tr>
<tr><td>Curso</td><td>Espacio</td><td>Tiempo</td><td>Intensidad</td><td>Materiales</td></tr>
<tr><td>Pre kinder
Kinder
1º a 2º Básico</td><td>Cancha</td><td>5´- 10´</td><td></td><td>Ninguno o colchonetas, conos, flechas que indiquen cambios de</td></tr>
</table>

Ejes motrices

Capacidades sensoriales: cinestésica
Capacidades perceptivas: temporalidad, espacialidad.
Habilidad motora: reptar con ondas, gatear en diferentes direcciones, caminar en diferentes sentidos, correr esquivando.
Cualidades físicas básicas: resistencia.
Capacidades decisionales: proyectar el éxito

Descripción

Los estudiantes realizan las siguientes acciones: arrastrarse como un gusanito, hacer como un caracol, gatear igual como lo hacían cuando eran guagüitas, gatear en zigzag, gatear hacia atrás, caminar como una tortuga, caminar rápido porque voy apurado/a, caminar hacia atrás sin mirar atrás, correr sin chocar con mis compañeros/as.

Indicadores de evaluación	**Propuesta de Instrumentos**
<ul><li>Reptan con ondas.</li><li>Gatean en diferentes direcciones.</li><li>Caminan cambiando el sentido.</li><li>Correr sin chocar con los compañeros/as</li></ul>Realizan cambios de velocidad.	Lista de cotejo.

	Nombre de la actividad **Los balones que se pillan**			
N°9				

Curso	Espacio	Tiempo	Intensidad	Materiales
Pre kinder Kinder 1º a 2º Básico	Cancha	5´- 10´		Balones medianos blandos

Ejes motrices

Capacidades sensoriales: visual
Capacidades perceptivas: Lateralidad, temporalidad, espacialidad.
Habilidad motora: girar un cuarto del cuerpo hacia un lado u otro.
Cualidades físicas básicas: flexibilidad.
Capacidades decisionales: proyectar el éxito, anticipar la jugada.

Descripción

El curso forma un círculo como reloj, cada estudiante por medio metro. El docente entrega un balón al estudiante que ocupa la hora 12 y otro balón al estudiante que ocupa la hora 6. El docente indica cual es el balón que pilla y el que arranca.

A la señal, los estudiantes dan pases hacia la izquierda o la derecha, según indique el docente, lo más rápido posible sin que se les caiga, tratando que el balón que pilla alcance al balón que es pillado. Si el balón se cae el juego sigue, tratando que el balón que pilla no alcance al otro.

Variante: Entregar balones a los que están en hora 3 y 9 para que sea más rápido (1° y 2° Básico).

Indicadores de evaluación	Propuesta de Instrumentos
<ul><li>Distinguen derecha e izquierda.</li><li>Entregan el balón sin que se caiga.</li><li>Reciben el balón sin que se caiga.</li><li>Realizan cambios de velocidad cuando un balón está a punto de pillar al otro.</li></ul>	<ul><li>Lista de cotejo.</li></ul>

Nombre de la actividad **Lanzo y atrapo mi balón**				
N°10				
Curso	**Espacio**	**Tiempo**	**Intensidad**	**Materiales**
Kinder 1º a 4º Básico	Cancha	10´		Balones de cualquier tipo que estén inflados y den botes

Ejes motrices

Capacidades sensoriales: cinestésica -vestibular
Capacidades perceptivas: praxia global, temporalidad, espacialidad.
Habilidad motora: lanzar hacia arriba, girar sobre sí mismo.
Cualidades físicas básicas: resistencia.
Capacidades decisionales: proyectar el éxito.

Descripción

El docente entrega un balón a cada estudiante. Se les pide que realicen las siguientes tareas:
-Lanzar el balón hacia arriba, esperar dos botes y atraparlo con ambas manos.
-Lanzar balón hacia arriba, esperar un bote y atraparlo con ambas manos.
-Lanzar balón hacia arriba, esperar un bote, aplaudir y atraparlo con ambas manos.
- Lanzar balón hacia arriba y atraparlo con ambas manos.
-Lanzar balón hacia arriba, esperar un bote, girar sobre sí mismo y atraparlo con ambas manos.
-Lanzar balón hacia arriba, girar sobre sí mismo y atrapar con ambas manos.
-Lanzar balón hacia arriba, girar sobre sí mismo y atrapar con una mano.

Variantes para 3° y 4° básico: más elementos coordinativos.

Indicadores de evaluación

- Lanza hacia arriba el balón.
- Esperan los tiempos indicados para atrapar.
- Atrapan el balón con una o ambas manos.
- Giran sobre si mismos sin desequilibrarse.
- Coordinan la secuencia de acciones solicitadas.

Propuesta de Instrumentos

- Escala de apreciación.

N°11	Nombre de la actividad Cruzando el puente			
Curso	**Espacio**	**Tiempo**	**Intensidad**	**Materiales**
Pre kinder Kinder 1º a 2º Básico	Cancha Aula	15´- 20´		Bancas suecas, tablas o tablones

Ejes motrices

Capacidades sensoriales: vestibular-cinestésica-visual
Capacidades perceptivas: equilibrio, noción corpórea.
Habilidad motora: reptar de cúbito abdominal o ventral, gatear hacia adelante o atrás, en cuadrupedia, caminar hacia adelante y atrás.
Cualidades físicas básicas: Flexibilidad.
Capacidades decisionales: Proyectar el éxito.

Descripción

Se simulan puentes con bancas suecas o tablones en altura media. Los estudiantes cruzan las bancas o tablas según las indicaciones del docente: reptar de cúbito abdominal o ventral, gateando hacia adelante o atrás, en cuadrupedia, caminando hacia adelante, caminando hacia atrás, sorteando unos conos altos que se colocan en algunos puntos de la banca o tablón.

Variante: parte un estudiante de cada lado y tienen que pasar al otro sin caerse.

Indicadores de evaluación	**Propuesta de Instrumentos**
• Logran realizar las distintas habilidades propuestas sin desequilibrarse.	• Escala de apreciación.

<table>
<tr><td colspan="5" align="center">Nombre de la actividad
Cerca o lejos

N°12</td></tr>
<tr><td align="center">Curso</td><td align="center">Espacio</td><td align="center">Tiempo</td><td align="center">Intensidad</td><td align="center">Materiales</td></tr>
<tr><td>Pre
Kinder
Kinder</td><td>Cancha</td><td align="center">10´</td><td></td><td align="center">Conos,
cuerdas,
aros,
balones
entre otros</td></tr>
</table>

Ejes motrices

Capacidades sensoriales: visual-auditiva
Capacidades perceptivas: espacialidad
Habilidad motora: correr con cambios de dirección, saltar con los pies juntos, rodar hacia un objeto.
Cualidades físicas básicas: velocidad de reacción
Capacidades decisionales: Proyectar el éxito.

Descripción

El docente distribuye una cantidad variada de materiales en la zona de juego, por ejemplo, conos, cuerdas, aros, balones, entre otros.
Los estudiantes se distribuyen libremente por el espacio. A la indicación del docente los estudiantes de forma rápida y con diversas habilidades de locomoción, se acercan o alejan del material indicado. ejemplo: saltar pies juntos cerca de las cuerdas, correr lejos de los conos, rodar cerca de los balones, etc.-

Indicadores de evaluación	Propuesta de Instrumentos
<ul><li>Comprenden el concepto espacial de lejos.</li><li>Comprenden el concepto espacial de cerca.</li><li>Comprenden el concepto de situación de lejos.</li><li>Comprenden el concepto de situación de cerca.</li></ul>	<ul><li>Escala de apreciación.</li></ul>

	Nombre de la actividad **Dentro de la piscina-fuera de la piscina**
N°13	

Curso	**Espacio**	**Tiempo**	**Intensidad**	**Materiales**
Kinder 1º a 2º Básico	Cancha Sala	10´		Puede ser una linea de la cancha o sala, una cuerda para separar dos espacios

Ejes motrices

Capacidades sensoriales: auditiva
Capacidades perceptivas: espacialidad.
Habilidad motora: saltar adelante y atrás.
Cualidades físicas básicas: Fuerza y velocidad de reacción.
Capacidades decisionales: Asumir riesgos, Proyectar el éxito.

Descripción

Los estudiantes se paran detrás de una línea en fila, lo que corresponde a estar parados/as fuera de la piscina. Cuando el docente dice dentro de la piscina, todos saltan sobre la línea hacia adelante. Desde la misma posición, sin girar, a la voz de fuera de la piscina, los estudiantes dan un salto hacia atrás por sobre la línea.
Variante: se puede saltar con giro.

Indicadores de evaluación	**Propuesta de Instrumentos**
<ul><li>Saltan hacia adelante por sobre una marca.</li><li>Saltan hacia atrás por sobre una marca.</li><li>Reconocen nociones espaciales adentro y afuera.</li></ul>Reaccionan rápido al estímulo auditivo.	<ul><li>Lista de cotejo.</li><li>Escala de apreciación.</li></ul>

Nombre de la actividad Juego de sumas y restas				
N°14				

Curso	**Espacio**	**Tiempo**	**Intensidad**	**Materiales**
Kinder 1º a 2º Básico 3º a 4º Básico	Cancha	10′		Sin materiales

Ejes motrices

Capacidades sensoriales: cinestésica y auditiva.
Capacidades perceptivas: noción corpórea y espacialidad.
Habilidad motora: retorcerse y doblarse para formar números.
Cualidades físicas básicas: flexibilidad.
Capacidades decisionales: verbalizar, formar un plan estratégico, asumir riesgos, proyectar el éxito.

Descripción

El curso se divide en cuatro grupos y se disponen en las esquinas de la sala o de la cancha. El docente menciona una suma o resta simple y los grupos corren al centro y con sus cuerpos en el suelo forman el resultado. Por ejemplo, 5+4, 8-3, etc.-
Sugerencia para 3° y 4° básico incluir multiplicación y división.

Indicadores de evaluación	**Propuesta de Instrumentos**
<ul><li>Forman los números en el sentido espacial de cada número.</li><li>Logran ajustes corporales para ser parte de un número.</li></ul>	<ul><li>Lista de cotejo.</li><li>Escala de apreciación.</li></ul>

<table>
<tr><td rowspan="2">N°15</td><td colspan="5">Nombre de la actividad
¿Y la palabra es?</td></tr>
<tr><td>Curso</td><td>Espacio</td><td>Tiempo</td><td>Intensidad</td><td>Materiales</td></tr>
<tr><td></td><td>1º a 2º Básico</td><td>Cancha</td><td>10´</td><td></td><td>Sin materiales</td></tr>
</table>

Ejes motrices

Capacidades sensoriales: cinestésica y auditiva.
Capacidades perceptivas: noción corpórea y espacialidad.
Habilidad motora: retorcerse y doblarse para formar números.
Cualidades físicas básicas: flexibilidad.
Capacidades decisionales: verbalizar, proyectar el éxito, asumir riesgos.

Descripción

El curso se divide en tres grupos.
Se relata una historia, en la cual el docente de manera intencional permite que los estudiantes adivinen la palabra que viene y la escriban con sus cuerpos, por ejemplo, "en el verano decidimos con mi familia ir a la playa. Hacía tanto calor que al poco rato decidimos comprar un helado. Luego nos metimos al mar a capear olas…"

Indicadores de evaluación	**Propuesta de Instrumentos**
<ul><li>Forman las palabras en el sentido espacial de cada letra.</li><li>-Logran ajustes corporales para ser parte de una palabra.</li></ul>	<ul><li>Lista de cotejo.</li><li>Escala de apreciación.</li></ul>

<table>
<tr><td colspan="5">Nombre de la actividad
El náufrago y los tiburones</td></tr>
<tr><td>N°16</td><td></td><td></td><td></td><td></td></tr>
<tr><td>Curso</td><td>Espacio</td><td>Tiempo</td><td>Intensidad</td><td>Materiales</td></tr>
<tr><td>1º a 2º básico</td><td>Cancha</td><td>5´</td><td></td><td>Aros o colchonetas</td></tr>
</table>

Ejes motrices

Capacidades sensoriales: visual.
Capacidades perceptivas: espacialidad, praxia global.
Habilidad motora: correr hacia adelante y esquivar hacia los lados.
Cualidades físicas básicas: velocidad.
Capacidades decisionales: anticipar la jugada, inferir movimientos de los adversarios, asumir riesgos.

Descripción

Se distribuyen 10 aros en un extremo del espacio de juego y 10 aros en el otro extremo. Se colocan todos los estudiantes (náufragos) dentro de los aros en un extremo (comparten aros y todos deben estar del mismo lado). Dos estudiantes quedan dispuestos entre los aros (tiburones). A la señal, todos los náufragos se deben trasladar corriendo y esquivando hasta los aros del otro lado, sin ser tocados por los tiburones. El que es pillado se convierte en tiburón. Una vez dispuestos, el docente da la señal para que corran al otro extremo.

Indicadores de evaluación	**Propuesta de Instrumentos**
• Corren hacia adelante cambiando de direcciones. • Esquivan evitando ser tocado por los compañeros/as. • Corren de un extremo a otro en el menor tiempo posible.	• Lista de cotejo.

	Nombre de la actividad Cabemos todos en colores			
N°17				

Curso	Espacio	Tiempo	Intensidad	Materiales
Pre kinder Kinder	Cancha	5´- 10´		Aros de 5 colores distintos

Ejes motrices

Capacidades sensoriales: cinestésica
Capacidades perceptivas: noción corpórea (esquema corporal).
Habilidad motora: golpear con diferentes partes del cuerpo.
Cualidades físicas básicas: flexibilidad.
Capacidades decisionales: proyectar el éxito.

Descripción

Se distribuyen aros de 5 colores distintos en iguales cantidades. Los estudiantes se mueven libremente por el espacio de juego hasta que el docente menciona un color. En ese momento todos corren a los aros de ese color, previendo de que nadie quede fuera o en otro color.
Variante: se puede ir quitando aros para que sea más difícil que todos quepan.

Indicadores de evaluación	Propuesta de Instrumentos
<ul><li>Discriminan distintos colores.</li><li>Se sitúan dentro del aro con todo su cuerpo.</li><li>Corren hacia adelante sin pisar los aros.</li></ul>	<ul><li>Lista de cotejo.</li></ul>

Nombre de la actividad				
Pinta uslero				

N°18

Curso	Espacio	Tiempo	Intensidad	Materiales
Kinder 1º a 2º Básico	Cancha	5´ - 10´		Sin materiales

Ejes motrices

Capacidades sensoriales: cinestésico
Capacidades perceptivas: tonicidad
Habilidad motora: rodar de un lado a otro.
Cualidades físicas básicas: velocidad.
Capacidades decisionales: Inferir movimientos de los adversarios, asumir riesgos.

Descripción

Se divide el grupo curso entre los que arrancan y los que pintan. Los estudiantes que son pintados deben acostarse en el suelo estirados y tiesos, rodando tres veces para un lado y tres veces para el otro como un uslero. Al terminar de hacerlo pueden seguir arrancando.

Indicadores de evaluación

- Ruedan en distintos sentidos.
- Ruedan sin perder el control corporal
- Colocan el cuerpo tenso.

Propuesta de Instrumentos

- Escala de apreciación.

<table>
<tr><td colspan="5" align="center">Nombre de la actividad
Los zorro, los pollos y la gallina

N°19</td></tr>
<tr><td align="center">Curso</td><td align="center">Espacio</td><td align="center">Tiempo</td><td align="center">Intensidad</td><td align="center">Materiales</td></tr>
<tr><td align="center">3º a 4º Básico</td><td align="center">Cancha</td><td align="center">10´</td><td align="center"></td><td>Sin materiales</td></tr>
</table>

Ejes motrices

Capacidades sensoriales: visual
Capacidades perceptivas: espacialidad, praxia global.
Habilidad motora: esquivar en grupo hacia los lados
Cualidades físicas básicas: resistencia -velocidad de reacción
Capacidades decisionales: verbalizar, inferir movimientos de los adversarios, asumir riesgos, Proyectar el éxito.

Descripción

Los estudiantes se distribuyen en varias hileras, en lo posible con la misma cantidad de estudiantes. De los integrantes de la hilera, uno queda afuera (el zorro) y el resto en la hilera se toma de los hombros, siendo el primero/a del grupo la gallina y los otros los pollos. A la señal, el zorro debe intentar cazar al último pollo, pero la gallina trata de evitarlo guiando al grupo para que lo esquive.

Es importante que no se suelten de los hombros. Cada cierto tiempo van cambiando de roles.

Indicadores de evaluación	Propuesta de Instrumentos
<ul><li>Distinguen una hilera de una fila.</li><li>Esquivan sin soltarse de los hombros.</li><li>Reaccionan con rapidez antes de ser tocados.</li></ul>	<ul><li>Lista de cotejo.</li></ul>

Nombre de la actividad Expreso, sensaciones y emociones				
N°20				
Curso	**Espacio**	**Tiempo**	**Intensidad**	**Materiales**
Pre kinder Kinder 1º Básico	Cancha	10´		Tarjetas con sensaciones y/o emociones

Ejes motrices

Capacidades sensoriales: táctil.
Capacidades perceptivas: Noción corpórea.
Habilidad motora: estabilización en diferentes niveles y posiciones como retorcerse, estirarse, doblarse, entre otros.
Cualidades físicas básicas: flexibilidad.
Capacidades decisionales: verbalizar.

Descripción

El docente divide el curso en tríos. Luego muestra una serie de tarjetas con distintas sensaciones para que el trío las exprese como ellos las sienten (presión, calor, frío, dolor, amargo, dulce, salado, ácido). Luego, hace lo propio con una serie de emociones para que los estudiantes, en grupos de 4, creen una historia en la cual las puedan expresar (ira, miedo, asco, felicidad, sorpresa, alegría).

Indicadores de evaluación	Propuesta de Instrumentos
<ul><li>Distinguen sensaciones interoceptivas.</li><li>Identifican sensaciones propioceptivas.</li><li>Relacionan las emociones básicas con el lenguaje corporal correspondiente.</li></ul>	<ul><li>Escala de apreciación.</li><li>Rúbrica.</li></ul>

<table>
<tr><td></td><td colspan="4">Nombre de la actividad
¿Qué medio de transporte soy?</td></tr>
<tr><td>N°21</td><td colspan="4"></td></tr>
</table>

Curso	Espacio	Tiempo	Intensidad	Materiales
Kinder 1º a 3º Básico	Cancha Aula	10´		Láminas con imágenes o etiquetas con el nombre

Ejes motrices

Capacidades sensoriales: visual

Capacidades perceptivas: noción corpórea

Habilidad motora: estabilización en diferentes niveles y posiciones como retorcerse, estirarse, doblarse, entre otros (según la propuesta que deban resolver).

Cualidades físicas básicas: flexibilidad

Capacidades decisionales: inferir movimientos de los adversarios, asumir riesgos, proyectar el éxito.

Descripción

El docente coloca láminas con imágenes de distintos medios de transporte en la espalda de los estudiantes.

A la señal, cada estudiante debe pararse detrás de otro, mirará la lámina y a la señal se para delante del compañero/a con mímicas intentará que su compañero/a adivine su propia lámina. Ningún estudiante puede hablar.

Indicadores de evaluación

- Describe corporalmente una lámina con medios de transportes.
- Relacionan los gestos corporales con los medios de transporte.
- Identifican las nociones espaciales delante y atrás.
- Comunican una idea mediante el lenguaje corporal sin hablar.

Propuesta de Instrumentos

- Escala de apreciación.

<table>
<tr><td colspan="5" align="center">Nombre de la actividad
Cerca o lejos

N°22</td></tr>
<tr><td align="center">Curso</td><td align="center">Espacio</td><td align="center">Tiempo</td><td align="center">Intensidad</td><td align="center">Materiales</td></tr>
<tr><td align="center">3º
Básico</td><td align="center">Cancha
Aula</td><td align="center">18´</td><td></td><td>Aros o algún material que permita hacer los diseños (cuerdas, pañuelos)</td></tr>
</table>

Ejes motrices

Capacidades sensoriales: propiocepción.
Capacidades perceptivas: equilibrio, praxia global, espacialidad.
Habilidad motora: saltar hacia adelante de un pie al mismo pie, de un pie al otro pie, de un pie a dos pies, de dos pies a dos pies, de dos pies a un pie.
Cualidades físicas básicas: fuerza.
Capacidades decisionales: proyectar el éxito, formar un plan estratégico.

Descripción

El docente organiza un conjunto de aros con distintos diseños que fomenten los distintos tipos de saltos a los estudiantes, es decir, de un pie al mismo pie, de un pie al otro pie, de un pie a dos pies, de dos pies a dos pies, de dos pies a un pie. Para ello divide al curso en seis grupos, los cuales deben pasar por cada uno de ellos por sistema de rotación.

Indicadores de evaluación	Propuesta de Instrumentos
<ul><li>Reproducen distintas secuencias de saltos.</li><li>Saltan sin tocar el borde de los aros.</li></ul>	<ul><li>Lista de cotejo.</li></ul>

<table>
<tr><td colspan="5">Nombre de la actividad
Cazamariposas</td></tr>
<tr><td colspan="5">N°23</td></tr>
<tr><td>Curso</td><td>Espacio</td><td>Tiempo</td><td>Intensidad</td><td>Materiales</td></tr>
<tr><td>Kinder
1º a 3º Básico</td><td>Cancha</td><td>8´</td><td></td><td>Aros</td></tr>
</table>

Ejes motrices

Capacidades sensoriales: visual.
Capacidades perceptivas: espacialidad.
Habilidad motora: correr con un aro, atrapar con un aro, esquivar a los lados o hacia abajo.
Cualidades físicas básicas: velocidad y resistencia.
Capacidades decisionales: inferir movimientos del adversario, formar un plan estratégico, asumir riesgos, proyectar el éxito, interceptar.

Descripción

El docente entrega aros a algunos estudiantes (cazadores). A la señal el resto del curso arranca (mariposas). Para cazar a las mariposas, los cazadores deben colocar o introducir el aro por la cabeza y soltarlo. En ese momento la mariposa se convierte en cazador y pilla con el aro y el que era cazador se convierte en mariposa y arranca.

Indicadores de evaluación

- En el rol de cazador, logran atrapar al menos un compañero/a
- Esquivan hacia los lados para no ser atrapados.
- Realiza la actividad sin quedar muy cansados según escala de Borg.
- Atrapan al compañero/a sin tocarlo con el aro.

Propuesta de Instrumentos

- Lista de cotejo.
- Escala de apreciación.

	Nombre de la actividad **Clasificar las pelotitas por colores**			
N°24				

Curso	Espacio	Tiempo	Intensidad	Materiales
Pre kinder Kinder	Cancha	10´		Pelotitas de colores (ojalá 5 colores distintos en la misma cantidad)

Ejes motrices

Capacidades sensoriales: visual.
Capacidades perceptivas: espacialidad.
Habilidad motora: correr llevando una pelotita, esquivar a los compañeros.
Cualidades físicas básicas: resistencia.
Capacidades decisionales: anticipar la jugada, formar un plan estratégico, proyectar el éxito.

Descripción

El docente ubica a los estudiantes en uno de los extremos de la cancha. Al lado de ellos un balde para cada color de pelotitas (pueden ser aros u otro recipiente) y al otro extremo dispersa pelotitas de plástico de distintos colores. A la señal, los estudiantes simultáneamente corren en busca de las pelotitas y las van a dejar dentro de los baldes, clasificándolas por colores.

Indicadores de evaluación

- Clasifican las pelotitas de acuerdo a sus colores.
- Corren hacia adelante sin que se les caiga la pelotita.
- Esquivan a los compañeros y a las pelotitas dispersas

Propuesta de Instrumentos

- Lista de cotejo.

<table>
<tr><td rowspan="2">N°25</td><td colspan="4">Nombre de la actividad
Gol con la mano</td></tr>
</table>

Curso	Espacio	Tiempo	Intensidad	Materiales
1º a 4º Básico	Cancha Sala	10´		Balón de tamaño intermedio, petos o pañuelos

Ejes motrices

Capacidades sensoriales: visual
Capacidades perceptivas: espacialidad
Habilidad motora: golpear un balón a ras de suelo, empujar un balón a ras de suelo. Cualidades físicas básicas: fuerza, flexibilidad|
Capacidades decisionales: inferir movimientos de los adversarios, formar un plan estratégico.

Descripción

Los estudiantes se colocan en círculos con las piernas separadas a la altura de los hombros y rodillas semiflexionadas en grupos de 5 a 10 integrantes. Cada grupo tiene un balón para jugar. A la señal, l os estudiantes tratan de hacer un gol pasando el balón entre las piernas de cualquier otro jugador/a del grupo. El requisito es que siempre el balón se golpea o se empuja con las manos haciéndolo rodar.
Variante: colocar dos balones. También se pueden intercalar estudiantes dados vuelta.
Además, se pueden distribuir petos o pañuelos estudiante por medio y formar equipos.

Indicadores de evaluación

- Golpean el balón en diferentes direcciones.
- Golpean el balón a ras de piso.
- Golpean el balón sin elevarlo.
- Golpean el balón con precisión para pasar el balón entre las piernas de los compañeros/as.
- Mantienen la posición corporal durante todo el juego.

Propuesta de Instrumentos

- Lista de cotejo.

<table>
<tr><td rowspan="2">N°26</td><td colspan="5" align="center">Nombre de la actividad
Pinta de los alimentos</td></tr>
<tr><td align="center">Curso</td><td align="center">Espacio</td><td align="center">Tiempo</td><td align="center">Intensidad</td><td align="center">Materiales</td></tr>
<tr><td></td><td align="center">Pre kinder
Kinder
1º a 4º básico</td><td align="center">Cancha</td><td align="center">5´</td><td align="center"></td><td align="center">Sin materiales</td></tr>
</table>

Ejes motrices

Capacidades sensoriales: visual Capacidades perceptivas: praxia global
Habilidad motora: correr con cambios de dirección, esquivar hacia los lados.
Cualidades físicas básicas: resistencia, velocidad, fuerza
Capacidades decisionales: inferir movimientos de los adversarios, anticipar la jugada.

Descripción

Los estudiantes se dividen en grupos de alimentos o líquidos saludables y alimentos o líquidos no saludables (manzanas, papas fritas, bebidas, plátanos, dulces, agua).
El docente indica que grupo de alimentos o líquidos no saludables pinta. Cuando un estudiante es pintado por uno de ellos, debe realizar 4 saltos con los dos pies juntos en el lugar en que fue pillado para gastar las calorías extras del alimento no saludable. Cuando haya cambio de roles y pillen los alimentos o líquidos saludables, los que son pillados se quedan parados en el lugar y solo pueden ser librados por otros estudiantes con un abrazo.
Al final de la actividad hay una conversación acerca de los beneficios de la alimentación saludable e ingesta de agua.
Variante: a los más grandes colocar ejercicios más vigorosos cuando sean pillados.

Indicadores de evaluación	Propuesta de Instrumentos
<ul><li>Esquivan a sus compañeros/as sin chocar.</li><li>Cambian de dirección para evitar ser pillados.</li><li>Distinguen alimentos o líquidos saludables de los no saludables.</li></ul>	<ul><li>Lista de cotejo.</li><li>Escala de apreciación.</li></ul>

<table>
<tr><td rowspan="2">N°27</td><td colspan="4">Nombre de la actividad
¿Cítricos o dulces?</td></tr>
</table>

Curso	Espacio	Tiempo	Intensidad	Materiales
Kinder 1º a 2º Básico	Cancha	5´ – 8´		Sin materiales

Ejes motrices

Capacidades sensoriales: auditiva
Capacidades perceptivas: lateralidad, espacialidad.
Habilidad motora: correr en círculo
Cualidades físicas básicas: velocidad
Capacidades decisionales: proyectar el éxito.

Descripción

Los estudiantes se dividen en 4 grupos de frutas: mandarinas, piñas, manzanas y peras.
Todo el curso se dispone en un círculo, intercalando unas frutas con otras.
El docente comienza una historia y cada vez que menciona una de estas frutas los estudiantes deben correr alrededor del círculo hacia la derecha o izquierda según lo indique el docente con su voz y volver a su lugar.

Indicadores de evaluación	Propuesta de Instrumentos
<ul><li>Reconocen izquierda y derecha.</li><li>-Corren en círculo y vuelven a su lugar.</li><li>-Corren en círculo sin caerse.</li></ul>	Lista de cotejo.

<table>
<tr><td rowspan="2">N°28</td><td>Nombre de la actividad
El gato y el ratón</td></tr>
</table>

Curso	**Espacio**	**Tiempo**	**Intensidad**	**Materiales**
3º a 4º Básico	Cancha	10´		Sin materiales

Ejes motrices

Capacidades sensoriales: visual
Capacidades perceptivas: espacialidad
Habilidad motora: correr, agacharse y pasar por debajo las piernas.
Cualidades físicas básicas: velocidad de reacción, flexibilidad
Capacidades decisionales: anticipar la jugada, inferir movimientos del adversario, formar plan estratégico.

Descripción

Se dispone el curso en círculo, parados y con las piernas separadas a la altura de los hombros. Dos estudiantes quedan sin pertenecer al círculo, de los cuales uno de ellos será el que pilla (gato) y el otro el que arranca (ratón). Siempre la acción de pillar y arrancar será al interior del círculo. A la señal, el ratón arranca y para escaparse debe pasar entre las piernas de un compañero/a. Si lo logra el compañero/a se convierte en gato y el estudiante gato debe arrancar ahora como ratón. Por el contrario, si el gato alcanza a pillar al ratón, se invierte el rol y éste debe arrancar para meterse entre las piernas del compañero. El estudiante que alcanza a arrancar luego se para y ocupa el lugar del compañero/a que salió a pillar.
Variante: ocupar dos gatos y dos ratones.

Indicadores de evaluación	**Propuesta de Instrumentos**
• Pasan por debajo de los compañeros sin tocarlos. • Distinguir cambios de roles rápidos durante el juego. • Esquivan a sus compañeros/as cuando hay más de un gato y ratón.	• Lista de cotejo.

Nombre de la actividad **Cangrejitos**

N°29

Curso	Espacio	Tiempo	Intensidad	Materiales
3º a 7º Básico	Cancha	10´		Balones grandes, livianos (tipo playeros)

Ejes motrices

Capacidades perceptivas: Tonicidad
Habilidad motora: Cuadrupedia invertida caminando a los lados, pateando, caminando en velocidad.
Cualidades físicas básicas: Fuerza -resistencia
Capacidades decisionales: proyectar el éxito.

Descripción

Los estudiantes se ponen al final de la cancha en posición cuadrupedia invertida (cangrejo) y sosteniendo esa posición intentan avanzar pateando un balón grande hasta la mitad de la cancha.
Variantes: van dándose pases, se ponen en grupo y realizan una especie de partido de fútbol, se ponen en círculo uno adentro con balones los otros a intentar entrar con esta posición sin ser tocados por el cangrejo rey.

Indicadores de evaluación

- Sostienen la posición de cuadrupedia sin apoyar la cadera en el suelo.
- Logran desplazarse en la posición de cuadrupedia sin apoyar la cadera en el suelo.
- Patean el balón en la posición cuadrupedia son apoyar la cadera en el suelo.

Propuesta de Instrumentos

- Escala de apreciación.
- Rúbrica.

<table>
<tr><td rowspan="2">

N°30</td><td colspan="4">**Nombre de la actividad**
Cuerpo a tierra</td></tr>
<tr><td>**Curso**</td><td>**Espacio**</td><td>**Tiempo**</td><td>**Intensidad**</td><td>**Materiales**</td></tr>
<tr><td></td><td>3º a 6º Básico</td><td>Cancha</td><td>10´</td><td></td><td>Balones</td></tr>
</table>

Ejes motrices

Capacidades perceptivas: Espacialidad, tonicidad.
Habilidad motora: Inclinarse y hacer rodar un balón, saltar entre los compañeros/as sin pisarlos
Cualidades físicas básicas: flexibilidad, velocidad
Capacidades decisionales: verbalizar.

Descripción

Los estudiantes se separan por grupos y disponen en hileras. El primero/a tiene un balón en la mano, sus compañeros/as están con las piernas separadas a la altura de los hombros.
A la señal, el primero hace rodar el balón hacia atrás pasándolo entre las piernas de los compañeros/as hasta que llega al último estudiante del grupo, quien toma el balón y grita: "cuerpo a tierra". En ese momento los integrantes del grupo se tiran al suelo en posición plancha con antebrazo y el que tiene el balón los pasa saltando de a uno, corre hasta el punto indicado y vuelve para colocarse primero del grupo mientras los compañeros/as ya se pararon y están esperando en posición de semi sentadilla que llegue para repetir la acción.

Indicadores de evaluación	**Propuesta de Instrumentos**
<ul><li>Sostienen la posición plancha con antebrazo.</li><li>Sostienen la posición de semi sentadilla.</li><li>Logran rodar el balón con dirección recta.</li><li>Saltan por sobre los compañeros/as sin pisarlos.</li><li>Atrapan el balón con ambas manos.</li><li>Corren con el balón sin que se les caiga.</li></ul>	<ul><li>Lista de cotejo.</li><li>Rúbrica.</li></ul>

<table>
<tr><td rowspan="2">N°31</td><td colspan="5">Nombre de la actividad
Juego de canguros</td></tr>
<tr><td>Curso</td><td>Espacio</td><td>Tiempo</td><td>Intensidad</td><td>Materiales</td></tr>
<tr><td></td><td>3º a 6º Básico</td><td>Cancha
Sala</td><td>10´</td><td></td><td>Sin
materiales</td></tr>
</table>

Ejes motrices

Capacidades perceptivas: equilibrio, tonicidad
Habilidad motora: empujar en cuchillas
Cualidades físicas básicas: Fuerza, resistencia.
Capacidades decisionales: Inferir movimientos de los adversarios (relación táctica uno a uno).

Descripción

Los estudiantes se disponen en parejas uno frente al otro repartidos en distintos espacios de la zona de clases.
Ambos están saltando en cuclillas y después de la señal deben tratar de que el oponente pierda el equilibrio y quede sentado, empujándolo de los hombros.
Una vez que juega con su compañero/a, busca otra pareja.

Indicadores de evaluación	**Propuesta de Instrumentos**
<ul><li>Sostienen la posición cuclillas.</li><li>Empujan a su compañero/a en los hombros.</li><li>Regulan la caída apoyando la cadera y las manos; resguardando la cabeza (mentón al pecho).</li></ul>	<ul><li>Escala de apreciación.</li></ul>

<table>
<tr><td rowspan="1">N°32</td><td>Nombre de la actividad
Paseo en carretillas</td></tr>
</table>

Curso	Espacio	Tiempo	Intensidad	Materiales
3º a 6º Básico	Cancha Sala	10´		Sin materiales

Ejes motrices

Capacidades perceptivas: tonicidad
Habilidad motora: Caminar en dos manos con apoyo
Cualidades físicas básicas: fuerza
Capacidades decisionales: Formar un plan estratégico, asumir riesgos, proyectar el éxito.

Descripción

En parejas. Uno de los estudiantes se coloca apoyado en el suelo con las manos y el compañero/a lo sostiene de los muslos levantándolo. A la señal, debe ir de paseo por el espacio de juego hasta la señal del docente y luego cambian roles.

Indicadores de evaluación

- Logran sostener la posición de carretilla.
- Pueden desplazar en la posición antes señalada.
- Sostienen el peso del compañero/a sin soltarlo, ni empujarlo.
- Sostienen con fuerza desde el muslo.

Propuesta de Instrumentos

- Escala de apreciación.

<table>
<tr><td colspan="5" align="center">Nombre de la actividad
Los tallarines</td></tr>
<tr><td>N°33</td><td></td><td></td><td></td><td></td></tr>
<tr><td align="center">Curso</td><td align="center">Espacio</td><td align="center">Tiempo</td><td align="center">Intensidad</td><td align="center">Materiales</td></tr>
<tr><td align="center">Kinder</td><td align="center">Cancha</td><td align="center">10´</td><td></td><td align="center">Aros</td></tr>
</table>

Ejes motrices

Capacidades perceptivas: Tonicidad.
Habilidad motora: Doblarse, Inclinarse en doble lentitud.
Cualidades físicas básicas: Flexibilidad.
Capacidades decisionales: Proyectar el éxito.

Descripción

Se esparcen algunos aros en la cancha, se les pide a los estudiantes que caminen lo más tenso que puedan como tallarines sin cocer. A la indicación del profesor/a se meten a los aros y se imaginan que están en una olla cocinándose y volviendo el cuerpo muy relajados hasta que
llegan al suelo.

Indicadores de evaluación	Propuesta de Instrumentos
• Se relajan voluntariamente. • Se contraen voluntariamente.	• Lista de cotejo.

<table>
<tr><td rowspan="2">N°34</td><td colspan="5" align="center">Nombre de la actividad
Tapa y destapa</td></tr>
<tr><td align="center">Curso</td><td align="center">Espacio</td><td align="center">Tiempo</td><td align="center">Intensidad</td><td align="center">Materiales</td></tr>
<tr><td></td><td align="center">Pre kinder
Kinder
1º Básico</td><td align="center">Cancha</td><td align="center">10´</td><td></td><td>Botellas plásticas con tapas</td></tr>
</table>

Ejes motrices

Capacidades perceptivas: visual, táctil.
Habilidad motora: correr, agacharse, pararse, enroscar, desenroscar.
Cualidades físicas básicas: velocidad y resistencia.
Capacidades decisionales: formar un plan estratégico, proyectar el éxito.

Descripción

El docente divide el curso en dos grupos, uno en cada extremo de la cancha. Luego, distribuye muchas botellas plásticas en distintos lugares de la cancha, algunas con la tapa enroscada y otras con la tapa ubicada al costado de la botella desenroscada.

Un grupo está encargado de enroscar las tapas en las botellas y el otro de desenroscar las tapas de las botellas. A la señal, los estudiantes que enroscan tapas, deben correr y tomar las tapas y enroscar en las botellas, mientras que los que desenroscan las tapas deben correr a aquellas estén enroscadas y sacar la tapa. Luego de unos minutos, se cuentan las botellas que quedaron enroscadas y desenroscadas.

Indicadores de evaluación	**Propuesta de Instrumentos**
<ul><li>Enroscan tapas.</li><li>Desenroscan tapas.</li></ul>	<ul><li>Lista de cotejo.</li></ul>

<table>
<tr><td rowspan="2">N°35</td><td colspan="5">Nombre de la actividad
El transporte del rey o reina</td></tr>
<tr><td>Curso</td><td>Espacio</td><td>Tiempo</td><td>Intensidad</td><td>Materiales</td></tr>
<tr><td></td><td>1º a 6º Básico</td><td>Cancha
Sala</td><td>8´</td><td></td><td>Sin materiales</td></tr>
</table>

Ejes motrices

Capacidades perceptivas: Tonicidad, equilibrio.
Habilidad motora: Caminar con peso y tomados de la mano y antebrazos.
Cualidades físicas básicas: Fuerza
Capacidades decisionales: Formar un plan estratégico. asumir riesgos. proyectar el éxito.

Descripción

Se forman los estudiantes en tríos. Uno de ellos es el rey o reina, la dupla que queda se toman de los antebrazos formando una silla. El rey o reina se sentará en esta silla, lo llevaran a dar un paseo corto y luego hay cambio de roles hasta que todos hayan sido rey o reina.

Indicadores de evaluación	Propuesta de Instrumentos
<ul><li>Se equilibran mientras están en los antebrazos de los compañeros/as.</li><li>-Permanecen tomados de manos y brazos, sin soltarse mientras el compañero/a se sube a ellos/as.</li></ul>	<ul><li>Lista de cotejo.</li></ul>

<table>
<tr><td rowspan="2">N°36</td><td colspan="5">Nombre de la actividad
La araña humana</td></tr>
<tr><td>Curso</td><td>Espacio</td><td>Tiempo</td><td>Intensidad</td><td>Materiales</td></tr>
<tr><td></td><td>3º Básico</td><td>Cancha
Sala</td><td>5´</td><td></td><td>Silla o tapa de cajón</td></tr>
</table>

Ejes motrices

Capacidades perceptivas: Tonicidad, equilibrio, praxia global.
Habilidad motora: equilibrio en grupo
Cualidades físicas básicas: fuerza Capacidades
Decisionales: Asumir riesgos. proyectar el éxito.

Descripción

Se forman cuartetos los cuales trabajarán con una silla o tapa de cajón de salto o altura que permita la actividad. Los estudiantes deben poner sus piernas sobre la altura apoyándose en las manos y levantando la cadera, desde esa posición intentan tomar el lugar del compañero que está a la derecha.
variación: Apoyo ventral.

Indicadores de evaluación	**Propuesta de Instrumentos**
• Se logran equilibrar en grupo durante 5 segundos.	• Cotejo.

<table>
<tr><td rowspan="2">N°37</td><td colspan="5" align="center">Nombre de la actividad
Nadie sabe para quién trabaja</td></tr>
<tr><td align="center">Curso</td><td align="center">Espacio</td><td align="center">Tiempo</td><td align="center">Intensidad</td><td align="center">Materiales</td></tr>
<tr><td></td><td align="center">4º a 6º Básico</td><td align="center">Cancha</td><td align="center">20´</td><td align="center"></td><td align="center">4 balones blandos</td></tr>
</table>

Ejes motrices

Capacidades perceptivas: percepción visual, espacialidad, praxia global.
Habilidad motora: lanzamiento con precisión, esquivar, atrapar.
Cualidades físicas básicas: resistencia, velocidad (de reacción)
Capacidades decisionales: Interceptar, conocer modelos previos de los adversarios (relación estratégica del equipo adversario).

Descripción

Se utiliza una cancha cuadrada. Todo el curso se coloca dentro del cuadrado, excepto cuatro jugadores/as que están por cada lado con un balón en la mano. A la señal, los que están afuera tratan de quemar a los que están adentro. El que es quemado sale y trata de volver a quemar a alguien para volver a entrar. Si un jugador de adentro toma el balón puede quemar a otro que está adentro para que salga. El objetivo del juego es que quede sólo un jugador adentro.

Indicadores de evaluación	Propuesta de Instrumentos
<ul><li>Lanzan balones con precisión hacia los compañeros/as.</li><li>Atrapan balones con ambas manos.</li><li>Esquivan balones que vienen de cerca o lejos.</li></ul>	<ul><li>Lista de cotejo.</li><li>Escala de apreciación.</li></ul>

<table>
<tr><td rowspan="2">N°38</td><td colspan="5">Nombre de la actividad
Pinta aves</td></tr>
<tr><td>Curso</td><td>Espacio</td><td>Tiempo</td><td>Intensidad</td><td>Materiales</td></tr>
<tr><td></td><td>Kinder
1º a 4º Básico</td><td>Cancha
Sala</td><td>10´</td><td></td><td>Sin materiales</td></tr>
</table>

Ejes motrices

Capacidades perceptivas: Equilibrio
Habilidad motora: Equilibrio en un pie en diversas posiciones, esquivar
Cualidades físicas básicas: Fuerza, flexibilidad.
Capacidades decisionales: Asumir riesgos. proyectar el éxito.

Descripción

Se separan del grupo cuatro niños que pillan a los otros arrancan. Si un estudiante es pillado debe colocarse en posición de **flamenco** (parado en un pie). Pueden ser liberados cuando otro niño hace la misma posición, y sigues jugando. Si es pillado otra vez deben hacer la posición **paloma** (parado en un pie con tronco inclinado y brazos a los lados), puede ser liberado con alguien que haga la misma posición y sigue jugando. Si te pillan otra vez, hace posición **grulla** (parado en un pie, con la otra pierna levantada y pierna flexionada con rodilla en 90° manos a los lados) cada cierto tiempo hay que cambiar a los pilladores

Indicadores de evaluación	**Propuesta de Instrumentos**
• El estudiante logra realizar las posiciones de equilibrio estático por 5 segundos requeridos.	• Escala de apreciación.

<table>
<tr><td rowspan="2">N°39</td><td colspan="5">Nombre de la actividad
Cazadores de patos</td></tr>
<tr><td>Curso</td><td>Espacio</td><td>Tiempo</td><td>Intensidad</td><td>Materiales</td></tr>
<tr><td></td><td>3º a 6º Básico</td><td>Cancha</td><td>10´</td><td></td><td>Balones</td></tr>
</table>

Ejes motrices

Capacidades perceptivas: percepción visual, espacialidad, praxia global
Habilidad motora: correr esquivando, lanzamiento con precisión.
Cualidades físicas básicas: resistencia
Capacidades decisionales: Verbalizar. anticipar la jugada. inferir movimientos de los adversarios (relación táctica uno a uno), conocer modelos previos de los adversarios (relación estratégica del equipo adversario), formar un plan estratégico. asumir riesgos. proyectar el éxito.

Descripción

Se divide el curso en dos grupos. A su vez uno de los grupos se divide en dos. El grupo dividido en dos forman un pasillo filas enfrentadas (cazadores) y cada integrante de este grupo tiene un balón en la mano. El otro grupo (patos) se dispone en hilera entre los dos grupos.
A la señal, el grupo de los patos tiene que intentar llegar hasta el otro lado del pasillo esquivando los balones para no ser cazados (balón que lo golpea). Si el pato es cazado, debe volver al grupo. Luego de que todos los patos intentan pasar se cuentan los aciertos y se invierte la función.

Indicadores de evaluación	Propuesta de Instrumentos
<ul><li>Los estudiantes en el rol de patos: esquivar los balones</li><li>Los estudiantes rol de cazador: apuntar al objetivo</li></ul>	<ul><li>Lista de cotejo.</li></ul>

<table>
<tr><td rowspan="2">N°40</td><td colspan="5">Nombre de la actividad
Pinta espejo</td></tr>
<tr><td>Curso</td><td>Espacio</td><td>Tiempo</td><td>Intensidad</td><td>Materiales</td></tr>
<tr><td></td><td>Kinder
1º a 6º Básico</td><td>Cancha
Sala</td><td>10´</td><td></td><td>Sin
materiales</td></tr>
</table>

Ejes motrices

Capacidades perceptivas: noción corpórea, praxia global.
Habilidad motora: Esquivar, equilibrarse con distintos apoyos y gestos formas si es una opción del estudiante.
Cualidades físicas básicas: flexibilidad.
Capacidades decisionales: Asumir riesgos. proyectar el éxito.

Descripción

Los estudiantes juegan a la pinta y cada vez que un estudiante es pintado se debe quedar inmóvil en una posición incómoda. Para ser librado un compañero/a se debe colocar delante o al lado de él/la e imitar su posición.

Indicadores de evaluación	**Propuesta de Instrumentos**
<ul><li>Realizan diversas posiciones corporales.</li><li>Imitan posturas corporales propuestas por el compañero/a.</li></ul>	<ul><li>Rúbrica.</li></ul>

<table>
<tr><td colspan="5" align="center">Nombre de la actividad
Cinco balones</td></tr>
<tr><td colspan="5">N°41</td></tr>
<tr><td align="center">Curso</td><td align="center">Espacio</td><td align="center">Tiempo</td><td align="center">Intensidad</td><td align="center">Materiales</td></tr>
<tr><td>5º a 6º Básico</td><td>Cancha</td><td>20´</td><td></td><td>4 Balones del mismo tamaño, un balón más grande</td></tr>
</table>

Ejes motrices

Capacidades perceptivas: percepción visual, espacialidad, praxia global

Habilidad motora: correr esquivando, esquivar balones, lanzamientos con precisión, atrapar con ambas manos.

Cualidades físicas básicas: resistencia, fuerza, velocidad de reacción.

Capacidades decisionales: Interceptar Verbalizar. Anticipar la jugada, inferir movimientos de los adversarios (relación táctica uno a uno), conocer modelos previos de los adversarios (relación estratégica del equipo adversario), formar un plan estratégico.

Descripción

Se distribuye el curso en dos equipos. Al centro, se colocan 5 balones, cuatro del mismo porte y uno más grande. A la señal 1 todos corren a tratar de tomar un balón. En la señal 2 empiezan a quemar. Cuando un equipo quema a todos los integrantes del otro, el juego comienza de nuevo.

Reglas importantes: si un jugador quema con un balón chico, el contrario sale y vuelve un compañero que estaba quemado. Si un jugador es quemado con el balón grande es quemado, pero además eligen a otro compañero para que salga. Si un jugador atrapa el balón grande, entran todos los que estaban quemados de su equipo.

Indicadores de evaluación	**Propuesta de Instrumentos**
<ul><li>Lanzan balones con precisión hacia los compañeros/as.</li><li>Atrapan balones con ambas manos.</li><li>Esquivan balones que vienen de cerca o lejos.</li><li>Atrapan con ambas manos.</li></ul>	<ul><li>Lista de cotejo.</li><li>Escala de apreciación.</li></ul>

N°42	**Nombre de la actividad** **Lagartijas de desierto**				
	Curso	**Espacio**	**Tiempo**	**Intensidad**	**Materiales**
	1º Básico	Cancha Sala	10´		Sin materiales

Ejes motrices

Capacidades perceptivas: tonicidad y equilibrio.
Habilidad motora: equilibrio en posición plancha.
Cualidades físicas básicas: fuerza.
Capacidades decisionales: proyectar el éxito.

Descripción

Los estudiantes se ponen en posición plancha y se desplazan en esa posición por el espacio y a la voz del profesor/a se quedan quietos/as simulando que el suelo del desierto está caliente deben ir levantando alguna de las extremidades y quedar en tres apoyos.

Indicadores de evaluación	**Propuesta de Instrumentos**
• Mantienen posición plancha. • Se desplazan en posición plancha sin bajar la tensión inicial. • Logran equilibrarse en la posición trípode.	• Escala de apreciación.

<table>
<tr><td colspan="5">Nombre de la actividad
Loteria</td></tr>
<tr><td colspan="5">N°43</td></tr>
<tr><td>Curso</td><td>Espacio</td><td>Tiempo</td><td>Intensidad</td><td>Materiales</td></tr>
<tr><td>1º a 6º Básico</td><td>Cancha
Sala</td><td>6´</td><td></td><td>Sin materiales</td></tr>
</table>

Ejes motrices

Capacidades perceptivas: percepción auditiva.
Habilidad motora: correr en círculos.
Cualidades físicas básicas: velocidad de desplazamiento, velocidad de reacción.
Capacidades decisionales: asumir riesgos. proyectar el éxito.

Descripción

Los estudiantes forman sentados un círculo grande. El docente les pide que piensen en un número del 1 al 9 sin mencionarlo. El docente empieza a caminar por dentro del círculo mencionando números del 1 al 9, sin necesidad de mencionarlos todos. Los estudiantes que escuchan el número que pensaron se paran y caminan detrás del docente. Cuando el docente dice "LOTERÍA" todos deben correr a sentarse en algún lugar del círculo, incluido el docente. El estudiante que queda sin puesto sigue el juego.

Indicadores de evaluación	Propuesta de Instrumentos
• Reaccionan al número que le mencionan. • Corren en círculo en velocidad.	• Lista de cotejo.

	Nombre de la actividad **Red de raña**				
N°44					
Curso		**Espacio**	**Tiempo**	**Intensidad**	**Materiales**
Pre Kinder Kinder 1º a 6º Básico		Cancha Sala	15´		Elásticos

Ejes motrices

Capacidades perceptivas: Equilibrio, espacialidad, praxia global.
Habilidad motora: Inclinarse, doblarse en diversos niveles.
Cualidades físicas básicas: Flexibilidad.
Capacidades decisionales: Crear un plan estratégico, asumir riesgos, proyectar el éxito.

Descripción

Se prepara en el lugar una especie de túnel amplio con una red de araña con elásticos que están en los tres niveles. Se invita a los niños a pasar por entremedio de la red intentando no tocarla.

Indicadores de evaluación	**Propuesta de Instrumentos**
<ul><li>Pasan por la red evitando tocar la mayor parte del tiempo.</li><li>Buscan soluciones creativas al desafío de la red.</li></ul>	<ul><li>Lista de cotejo.</li><li>Rúbrica.</li></ul>

<table>
<tr><td rowspan="2">N°45</td><td colspan="5">Nombre de la actividad
Las cuatro esquinas</td></tr>
<tr><td>Curso</td><td>Espacio</td><td>Tiempo</td><td>Intensidad</td><td>Materiales</td></tr>
<tr><td></td><td>3º a 6º Básico</td><td>Cancha</td><td>10´</td><td></td><td>Sin material</td></tr>
</table>

Ejes motrices

Capacidades perceptivas: percepción visual.
Habilidad motora: correr en grupo.
Cualidades físicas básicas: velocidad de reacción.
Capacidades decisionales: anticipación de la jugada.

Descripción

Se forman 5 equipos, en la mitad de una cancha de basquetbol se marcan 4 zonas y se forman 4 equipos. Cada equipo se coloca en una zona y el quinto equipo queda al medio.
A la señal del docente, todos corren a una zona distinta y el del medio intenta ingresar a una, quedando otro equipo fuera de la zona. El objetivo se cumple cuando todo el grupo está dentro de la zona.

Indicadores de evaluación	**Propuesta de Instrumentos**
• Corren a las zonas libres en grupo.	• Lista de cotejo.

<table>
<tr><td rowspan="2">N°46</td><td colspan="5">Nombre de la actividad
La máquina con troncos</td></tr>
<tr><td>Curso</td><td>Espacio</td><td>Tiempo</td><td>Intensidad</td><td>Materiales</td></tr>
<tr><td></td><td>Pre kinder
Kinder
1º a 6º Básico</td><td>Cancha
Sala</td><td>10´</td><td></td><td>Sin
material</td></tr>
</table>

Ejes motrices

Capacidades perceptivas: Tonicidad
Habilidad motora: Rodar en tensión
Cualidades físicas básicas: Fuerza
Capacidades decisionales: Proyectar el éxito

Descripción

Los estudiantes se acuestan en fila manteniendo una distancia de un cuerpo entremedio. A la voz del profesor/a comienzan a rodar todos a la derecha avanzando hasta la zona de meta. El estudiante que llega a la meta, se para y corre hasta el punto de inicio y vuelve a repetir la acción hasta que el docente da por terminada la actividad.

Variante: girar hacia la izquierda

Indicadores de evaluación	**Propuesta de Instrumentos**
<ul><li>Ruedan en línea recta sin perder control corporal.</li><li>Corren rápido desde la meta al punto de inicio.</li></ul>	<ul><li>Lista de cotejo.</li></ul>

N°47	**Nombre de la actividad** **Casa, inquilino, terremoto**				
	Curso 1º a 6º Básico	**Espacio** Cancha	**Tiempo** 10´	**Intensidad**	**Materiales** Sin material

Ejes motrices

Capacidades perceptivas: percepción auditiva,
Habilidad motora: correr.
Cualidades físicas básicas: velocidad de reacción.
Capacidades decisionales: Verbalizar, anticipar la jugada, inferir movimientos de los adversarios (relación táctica uno a uno).

Descripción

Los estudiantes se agrupan en tríos en diversos lugares de la zona de la clase. Uno o dos quedan libres.
Los que están en tríos se disponen de la siguiente manera: dos tomados de ambas manos (casa) y uno al centro entre ellos (inquilino).
Cuando el docente grita "inquilino" todos los inquilinos deben salir de sus casas e irse a otra (las casas no se pueden mover) y los que estaban solos tratan de entrar también, quedando uno o dos solos.
Cuando el docente grita "casas", las casas se desarman y se arman dónde están los inquilinos que se quedaron parados en su lugar. Nuevamente los que habían quedado fuera intentan formar casa. Cuando el docente grita "terremoto", todos se desarman, se cambian de lugar y forman nuevas casas e inquilinos.

Indicadores de evaluación	**Propuesta de Instrumentos**
<ul><li>Reaccionan a las diferentes señales del juego con los desplazamientos correctos.</li><li>Discriminan las formas de acuerdo al rol que tienen en el juego.</li><li>Corren con cambios de direcciones.</li></ul>	<ul><li>Rúbica.</li><li>Escala de apreciación.</li></ul>

<table>
<tr><td rowspan="2">N°48</td><td colspan="5" align="center">Nombre de la actividad
El ascensor</td></tr>
<tr><td align="center">Curso</td><td align="center">Espacio</td><td align="center">Tiempo</td><td align="center">Intensidad</td><td align="center">Materiales</td></tr>
<tr><td></td><td align="center">Pre kinder
Kinder
1º a 6º Básico</td><td align="center">Cancha
Sala</td><td align="center">10´</td><td align="center"></td><td align="center">Sin
material</td></tr>
</table>

Ejes motrices

Capacidades perceptivas: percepción auditiva.
Habilidad motora: equilibrio en punta de pies, doblarse
Cualidades físicas básicas: fuerza, flexibilidad
Capacidades decisionales: Verbalizar.

Descripción

Los estudiantes se ponen en pareja frente a frente. Uno de los estudiantes hace de ascensor y el otro aprieta el botón, diciendo los números del piso. El estudiante que es ascensor debe bajar doblando sus rodillas o subir hasta punta de pie según el piso que le solicitan. Después de unos minutos, cambian de rol.

Indicadores de evaluación	Propuesta de Instrumentos
• Discriminan los niveles altos, medios y bajos según las instrucciones de los/las compañeros/as.	• Escala de apreciación.

<table>
<tr><td rowspan="2">

N°49</td><td colspan="5" align="center">**Nombre de la actividad**
Carrera de vasos</td></tr>
<tr><td align="center">**Curso**</td><td align="center">**Espacio**</td><td align="center">**Tiempo**</td><td align="center">**Intensidad**</td><td align="center">**Materiales**</td></tr>
<tr><td></td><td align="center">Kinder
1º a 4º Básico</td><td align="center">Cancha
Sala</td><td align="center">10´</td><td align="center"></td><td align="center">Vasos livianos y
bombillas</td></tr>
</table>

Ejes motrices

Capacidades perceptivas: control respiratorio.
Habilidad motora: gatear hacia adelante.
Cualidades físicas básicas: Resistencia.
Capacidades decisionales: Proyectar el éxito.

Descripción

Cada estudiante tiene una bombilla y un vaso liviano en lo posible no de vidrio. Frente a ellos la línea de meta.
A la señal, cada estudiante se desplaza gateando y desliza el vaso hasta la línea de meta, impulsándolo sólo con soplidos a través de la bombilla.
Si el vaso se cae, el estudiante lo coloca en su posición nuevamente y sigue.

Indicadores de evaluación	**Propuesta de Instrumentos**
<ul><li>Desplazan el vaso ejerciendo un control respiratorio.</li><li>Gatean hacia adelante manteniendo el control sobre el vaso.</li><li>Soplan sin voltear el vaso.</li></ul>	<ul><li>Lista de cotejo.</li></ul>

<table>
<tr><td></td><td colspan="4">Nombre de la actividad
La turbina</td></tr>
<tr><td>N°50</td><td colspan="4"></td></tr>
</table>

Curso	Espacio	Tiempo	Intensidad	Materiales
3º a 6º Básico	Cancha	10´		Cuerda, pelota y sillas

Ejes motrices

Capacidades perceptivas: percepción visual, espacialidad, praxia global.
Habilidad motora: esquivar el balón.
Cualidades físicas básicas: velocidad de reacción, agilidad.
Capacidades decisionales: Asumir riesgos, proyectar el éxito.

Descripción

El docente se para arriba con las piernas separadas en dos sillas, dejando un pasillo entre ellas. Con una cuerda amarra un balón de esponja, el cual empieza a girar como una turbina. A la señal los estudiantes, uno por uno debe intentar pasar por entre las sillas y debajo de él sin que el balón los golpee.

Indicadores de evaluación	Propuesta de Instrumentos
<ul><li>Esquivan el balón sin que éste lo toque.</li><li>Se agachan y paran con agilidad para no ser golpeados por el balón.</li></ul>	<ul><li>Lista de cotejo.</li></ul>

<table>
<tr><td rowspan="2">

N°51</td><td colspan="5"> **Nombre de la actividad**
Los elefantes </td></tr>
<tr><td>**Curso**

Pre kinder
Kinder
2º Básico</td><td>**Espacio**

Cancha
Sala</td><td>**Tiempo**

10´</td><td>**Intensidad**</td><td>**Materiales**

Balones</td></tr>
</table>

Ejes motrices

Capacidades perceptivas: tonicidad, espacialidad, praxia global
Habilidad motora: cuadrupedias en zigzag.
Cualidades físicas básicas: resistencia-flexibilidad
Capacidades decisionales: Proyectar el éxito, asumir riesgos.

Descripción

Todos los estudiantes se ponen en posición cuadrupedias (sin apoyar rodillas) y con la cabeza empujaran un balón

Variantes: se pone frente a un compañero y se dan pases, seguir un zigzag.

Indicadores de evaluación	Propuesta de Instrumentos
<ul><li>El estudiante logra ejecutar un recorrido en zigzag en cuadrupedia</li><li>El estudiante logra empujar con su cabeza el balón</li></ul>	<ul><li>Escala de apreciación.</li></ul>

Nombre de la actividad Pelotita en ruta				
N°52				

Curso	Espacio	Tiempo	Intensidad	Materiales
Pre kinder en adelante	Cancha Sala	5´		Pelotitas de tenis de mesa

Ejes motrices

Capacidades perceptivas: control respiratorio
Habilidad motora: no aplica
Cualidades físicas básicas: no aplica
Capacidades decisionales: Formar un plan estratégico, asumir riesgos, proyectar el éxito.

Descripción

Los niños diseñan con tiza o masking tape un camino con bordes por los dos lados que sea sinuoso, por donde pasarán las pelotas de tenis de mesa, posterior a esto se ponen los estudiantes por ambos lados del caminos un al lado del otro, la primera pelota parte desde un inicio y la idea es que recorra el trayecto entero sin salirse , para lo cual los niños y niñas , deben ir soplando a la pelotita ,en la medida que se va logrando se van poniendo más pelotitas en trayectoria; no se pueden ocupar las manos, si la pelota se sale de su trayectoria en nivel pequeños solo se vuelve a poner en nivel de curso más grande se parte otra vez.

Indicadores de evaluación	Propuesta de Instrumentos
<ul><li>Los estudiantes logran diferenciar las intensidades del soplido.</li><li>Logran en conjunto que al menos una pelotita este en el trayecto entero.</li></ul>	<ul><li>Escala de apreciación.</li></ul>

<table>
<tr><td colspan="4">Nombre de la actividad
El aplasta burbujas</td></tr>
<tr><td>N°53</td><td colspan="3"></td></tr>
</table>

Curso	Espacio	Tiempo	Intensidad	Materiales
Pre kinder Kinder 1º a 6º Básico	Cancha Sala	5´		Burbujas Mata moscas

Ejes motrices

Capacidades perceptivas: control respiratorio
Habilidad motora: golpear con un elemento
Cualidades físicas básicas: fuerza
Capacidades decisionales: Proyectar el éxito.

Descripción

Se divide el grupo en dos: un grupo tiene matamoscas o algo parecido en forma y tamaño que esté, el otro grupo tiene bombillas y líquido para hacer burbujas, un grupo hace burbujas y el otro grupo trata de aplastarlas, cada cierto rato hay cambio de roles.

Indicadores de evaluación	Propuesta de Instrumentos
<ul><li>El estudiante logra realizar burbujas cuando esté está en ese rol</li><li>El estudiante logra golpear burbujas cuando está en ese rol.</li></ul>	<ul><li>Lista de cotejo.</li></ul>

Nombre de la actividad **Pinta del abecedario**				
N°54				

Curso	**Espacio**	**Tiempo**	**Intensidad**	**Materiales**
1º a 2º Básico	Cancha	5´		Aros o colchonetas

Ejes motrices

Capacidades sensoriales: visual.
Capacidades perceptivas: espacialidad, praxia global.
Habilidad motora: correr hacia adelante y esquivar hacia los lados.
Cualidades físicas básicas: velocidad.
Capacidades decisionales: anticipar la jugada, inferir movimientos de los adversarios, asumir riesgos.

Descripción

Se distribuyen 10 aros en un extremo del espacio de juego y 10 aros en el otro extremo. Se colocan todos los estudiantes (náufragos) dentro de los aros en un extremo (comparten aros y todos deben estar del mismo lado). Dos estudiantes quedan dispuestos entre los aros (tiburones). A la señal, todos los náufragos se deben trasladar corriendo y esquivando hasta los aros del otro lado, sin ser tocados por los tiburones. El que es pillado se convierte en tiburón. Una vez dispuestos, el docente da la señal para que corran al otro extremo.

Indicadores de evaluación	**Propuesta de Instrumentos**
<ul><li>Corren hacia adelante cambiando de direcciones.</li><li>Esquivan evitando ser tocado por los compañeros/as.</li><li>Corren de un extremo a otro en el menor tiempo posible.</li></ul>	<ul><li>Lista de cotejo.</li></ul>

<table>
<tr><td rowspan="2">N°55</td><td colspan="5">Nombre de la actividad
Los globos locos</td></tr>
<tr><td>Curso</td><td>Espacio</td><td>Tiempo</td><td>Intensidad</td><td>Materiales</td></tr>
<tr><td></td><td>2º a 4º Básico</td><td>Cancha</td><td>5´</td><td></td><td>Globos</td></tr>
</table>

Ejes motrices

Capacidades sensoriales: visual.
Capacidades perceptivas: espacialidad, praxia global.
Habilidad motora: correr hacia adelante , esquivar hacia todos los lados, manipulación.
Cualidades físicas básicas: velocidad.
Capacidades decisionales: anticipar la jugada, inferir movimientos de los adversarios, asumir riesgos.

Descripción

Cada participante se ata cuatro globos (dos en las muñecas y dos en los tobillos). Se reparten los jugadores de los dos equipos por todo el campo y a la señal todos los jugadores intentarán explotar los globos del equipo contrario. Gana el equipo que antes explote los globos del otro equipo.

Indicadores de evaluación

- Corren hacia adelante cambiando de direcciones.
- Esquivan evitando ser tocado por los compañeros/as.
- Corren de un extremo a otro en el menor tiempo posible.

Propuesta de Instrumentos

- Lista de cotejo.

Nombre de la actividad El bote				
N°56				
Curso	**Espacio**	**Tiempo**	**Intensidad**	**Materiales**
1º a 4º Básico	Cancha	10´		Pelotas que reboten Un cesto

Ejes motrices

Capacidades sensoriales: visual.
Capacidades perceptivas: espacialidad, praxia global.
Habilidad motora: correr hacia adelante , golpear.
Cualidades físicas básicas: velocidad.
Capacidades decisionales: anticipar la jugada, inferir movimientos de los adversarios, asumir riesgos.

Descripción

Los alumnos en un círculo golpean un balón con las manos para hacer que entre en un recipiente ubicado en el centro. Se deben formar varios grupos para aumentar la eficiencia de la clase.

Indicadores de evaluación	**Propuesta de Instrumentos**
• Golpean cambiando de direcciones hasta lograr encestar las pelotas.	• Lista de cotejo.

Nombre de la actividad **Las cuatro torres**				
N°57				

Curso	**Espacio**	**Tiempo**	**Intensidad**	**Materiales**
Pre- kinder a 4º Básico	Cancha	5´		Tubos largos de carton

Ejes motrices

Capacidades sensoriales: visual.
Capacidades perceptivas: espacialidad, praxia global.
Habilidad motora: correr hacia los lados , manipulación (prensar).
Cualidades físicas básicas: velocidad.
Capacidades decisionales: anticipar la jugada, inferir movimientos de los adversarios, asumir riesgos.

Descripción

Se ordena a los estudiantes en alguna figura geométrica, cuadrados o triángulo;

Cada participante tiene un tubo de cartón que pone al frente suyo, sosteniéndolo, en una distancia de un paso, a la indicación de la profesora todos al mismo tiempo sueltan el tubo para ir a sostener el tubo de su compañero a la derecha, antes que se caiga el tubo.

Variaciones puede ser hacia la izquierda.

Indicadores de evaluación	**Propuesta de Instrumentos**
<ul><li>Corren hacia el lado.</li><li>Velocidad de reaccion</li><li>Sostener el tubo antes que se caigan</li></ul>	<ul><li>Lista de cotejo.</li></ul>

<table>
<tr><td colspan="5">Nombre de la actividad
Salta rayos de sol</td></tr>
<tr><td>N°58</td><td></td><td></td><td></td><td></td></tr>
</table>

Curso	Espacio	Tiempo	Intensidad	Materiales
Pre Kinder a 4º Básico	Cancha	5´		Conos Cuerda largas o elasticos

Ejes motrices

Capacidades sensoriales: visual.
Capacidades perceptivas: espacialidad, praxia global.
Habilidad motora:salto .
Cualidades físicas básicas: resistencia.
Capacidades decisionales:. Formar un plan estratégico, asumir riesgos, proyectar el éxito.

Descripción

Se realiza con los conos y cuerdas un diseño con forma de sol, con rayos que van hacer una especie de laberinto, donde los niños y niñas deben ir pasando y saltando. La idea es que se pueda ir variando la altura según la edad de los participantes, para que sea desafiante.

Indicadores de evaluación	Propuesta de Instrumentos
<ul><li>Saltan evitando tocar las cuerdas.</li><li>Exploran diversos saltos dependiendo de las alturas.</li></ul>	<ul><li>Lista de cotejo.</li></ul>

<table>
<tr><td colspan="5">Nombre de la actividad
Los pangolines

N°59</td></tr>
<tr><td>Curso</td><td>Espacio</td><td>Tiempo</td><td>Intensidad</td><td>Materiales</td></tr>
<tr><td>Kinder º a 4º Básico</td><td>Cancha</td><td>5´</td><td></td><td>colchonetas</td></tr>
</table>

Ejes motrices

Capacidades sensoriales: visual.
Capacidades perceptivas: espacialidad, praxia global.
Habilidad motora: volteretas hacia adelante , esquivar hacia todos los lados.
Cualidades físicas básicas: resistencia.
Capacidades decisionales: anticipar la jugada, inferir movimientos de los adversarios, asumir riesgos.

Descripción

Esta actividad requiere un trabajo previo que es que los niños y niñas sepan hacer la voltereta. Se eligen algunos niños que serán los cazadores, otros harán de pangolín, los cuales deben ir dando volteretas hacia adelante o atrás o rodadas; por otro lado los cazadores ,deben ir en cuclillas desplazándose, si atrapa a un pangolín cambio de roles.

Indicadores de evaluación	Propuesta de Instrumentos
<ul><li>Lograr hacer la voletera hacia adelante cambiando de direcciones.</li><li>Lograr hacer la voletera hacia atras</li><li>Logarar hacer rodadas.</li><li>Esquivan evitando ser tocado por los compañeros/as.</li><li>Mantener la posicion de cuclillas..</li></ul>	<ul><li>Lista de cotejo.</li></ul>

<table>
<tr><td colspan="5" align="center">Nombre de la actividad
"abuelita que hora es...? la 1,las 2 o las 3"</td></tr>
<tr><td colspan="5">N°60</td></tr>
<tr><td align="center">Curso</td><td align="center">Espacio</td><td align="center">Tiempo</td><td align="center">Intensidad</td><td align="center">Materiales</td></tr>
<tr><td align="center">1º a 4º Básico</td><td align="center">Cancha</td><td align="center">5´</td><td></td><td align="center">Globos</td></tr>
</table>

Ejes motrices

Capacidades sensoriales: auditiva
Capacidades perceptivas: espacialidad, praxia global.
Habilidad motora:caminar en diferentes formas..
Cualidades físicas básicas: velocidad.
Capacidades decisionales: anticipar la jugada, asumir riesgos.

Descripción

Se colocan todos en fila menos uno que será la abuelita.
La abuelita se pondrá en el otro extremo de la cancha. Uno de la fila preguntara "abuelita, abuelita, ¿qué hora es?, la 1, las 2 o las 3." La abuelita contestará a cada pregunta 1, 2 o 3 pasos de hormiga, elefante, etc. Y así sucesivamente se vuelve a preguntar, avanzar etc.
Ganará el primero en llegar hasta la abuelita.

Indicadores de evaluación	**Propuesta de Instrumentos**
• Caminan hacia adelante cambiando de formas.	• Lista de cotejo.

Bibliografía

- Batalla, A. (2000). Habilidades Motrices. Barcelona: INDE.
- Berruezo, P. (1996). Psicomotricidad. Revista de Estudios y Experiencias N° 53, p. 57 64. Lima: Universidad Pontificia Católica del Perú.
- Castañer, M. y Camerino, O. La E. F. en la enseñanza primaria. Ed. Inde. Barcelona. 1996.
- Conde, C & Viacava, G. (1997). Fundamentos para el desarrollo de la motricidad en edades tempranas. Granada, España: Editorial Aljibe.
- Da Fonseca, V. (2000). Estudio y génesis de la psicomotricidad. Barcelona: INDE.
- Da Fonseca, V. (1998). Manual de observación psicomotriz. Significación psiconeurológica de los factores psicomotores. Barcelona: INDE.
- Feldman, Robert. Psicología. México D.F.: Mc Graw Hill, 1999. 646 p.
- Keogh, J. (1977): "The study of movement skill development", en Quest, 28, pp. 76-88
- Díaz, J. (1999). La Enseñanza y aprendizaje de las habilidades y destrezas motrices básicas. España: INDE Publicaciones.
- Famose, J. (1992). Aprendizaje motor y dificultad de la tarea. Barcelona: Editorial
- Paidotribo.
- Gutiérrez Guío Fernando Conceptos y clasificación de las capacidades físicas revista de investigación cuerpo, cultura y movimiento/vol. 1 / No. 1 / 2010 / pp. 77-86
- Le Boulch J 1987 La educacion Psicomotriz en la escuela primaria Paidos Barcelona
- Murcia Peña Napoleón La motricidad humana: trascendencia de lo instrumental 2003 Revista Digital - Buenos Aires - Año 9 - N° 65 - octubre de 2003
- Marambio P revista motricidad humana u central Santiago Chille
- Matlin, Margaret W.; y FOLEY, Hugh J. Sensación y Percepción. México D. F.: Prentice
- Hall, 1996
- Sérgio, M. (1999). Um corte epistemológico: Da Educação Física á Motricidade Humana (2° ed.). Lisboa: Instituto Piaget
- Schilling, F. (1978): Normal and pathological development of motor behavior. En J. de potter (Ed.): Psychomotor Learning. International Congress of Psychomotor Learning. (pp. 237-248). Bruxelles, Editions de l'Université de Bruxelles
- Tsvetan Zhelyazkov · Bases del entrenamiento deportivo 2019
- Trigo E. et al. (2002). Motricidad y desarrollo humano. Popayán: Red
- Internacional de Motricidad y Desarrollo Humano (RIIMH).
- Wallon, H. (1979). Del Acto al Pensamiento. Barcelona: Editorial Grijalbo
- Willrich, a.; Azevedo, c. c. f.; Fernandes, J. O. Desenvolvimento motor na infância : influencia dos fatores de risco e programas de intervenção. Revista Neurociências, São Paulo, v. 17, n. 1, p. 51-56, 2009.

PAOLA FLAVIA MARAMBIO NUÑEZ

Profesora en Educación Física, Deportes y Recreación Universidad Metropolitana
de ciencias de la educación Chile
Doctorada © en educación Universidad Tecnológica México.
Magister Docencia Universitaria e Investigación   Universidad Central Chile 2016
Diplomado en educación al aire libre Universidad del desarrollo Chile 2021
Diplomatura en educación física, discapacidad y deportes adaptados
Universidad Nacional del Cuyo Argentina 2020-2021
Diplomatura en Neurociencias Aplicadas al desarrollo Cognitivo Motor
Fundación Carmelo Pittera Argentina 2020
Diploma internacional "la motricidad humana en el desarrollo humano
desde el enfoque de corporeidad Universidad del Cauca Colombia 2020
Diplomado en Trastorno de Especto Autista Hiperpraxis Capacitaciones Chile 2020
Diplomado de yoga infantil e intervenciones a través del juego
Asociación Nacional de Yoga   Chile 2020
Diplomado de Yoga infantil Yoga Edu Chile 2016
Diplomada en Gerontomotricidad Universidad Central   Chile 2016
Diplomada en Especialización de infancia 0 a 3 años Universidad Central   2016
Diplomada de Neurociencias y aprendizaje Universidad de Chile 2015
Diplomada Psicomotricidad Educativa Cicep Chile 2011
Diplomada de Docencia Universitaria e Investigación Universidad Central 2011
Diplomada de Desarrollo del Pensamiento Cicep Chile 2008
Diplomada de Terapias Corporal y Artísticas   Universidad Andrés bello Chile 2008
Post título Anatomía humana Universidad de Chile 1993
Cursos de especialización en trastornos motores   Cicep Chile 2009
Oratoria Nivel 1 Learning group Chile 2019
Curso Aprendizaje-Servicio en la Educación Superior Centro Latinoamericano de
Aprendizaje y Servicio Solidario Argentina 2017
Especialización de Neurobiología y Plasticidad Neuronal   Asociación Educar
Bs Aires Argentina 2016.
Especialización en Neuroaprendizaje   Asociación Educar Bs Aires Argentina 2011
Estudios de Doctorado en Motricidad Humana (egresado sin terminar)
Universidad de Granada España 2009
Risoterapeuta Risoterapia Chile 2018
Cuenta cuentos Academia Mustakis Chile 2021-202
Gesltalt empowerment   Instituto Gestalt Trieste Italia 2018
Instructora de mindfulness México. 2019
Experiencia profesional : Docencia de pre-grado (aula de clases), docencia en post grado:
(post títulos, diplomados y magister) y poseo una experiencia de 18 años
en relatoría, a lo largo de todo Chile, y Latinoamérica.
En el área de gestión he tenido los cargos de coordinación académica,
vinculación con el medio, procesos de acreditación de la carrera de
educación física.
En el ámbito comunicacional: Editora de publicaciones (libro y revista de Motricidad y persona);
locutora de un programas de radio: universitaria y privada.
Asesoría en competencias profesionales educación física para el ministerio de Perú.
Escritora de libros:
1.- "Motricidad escolar" Propuesta de actividades desde los fundamentos teóricos a la
experiencia. 2023 1 edición.
2.-Libro: Comienzo mis clases activamente 2017.

LEONARDO ANDRÉS PAVÉS FÉRES

Profesor en Educación Física, Deportes y Recreación Universidad
 Metropolitana de ciencias de la educación Chile (UMCE);
Magister de educación física mención administración deportiva Universidad
Metropolitana de ciencias de la educación Chile (UMCE);
Diplomado en educación personalizada universidad Alberto Hurtado;
Constructor de preguntas de MIDEUC para pruebas AEP y carrera docente;
Profesor de prekínder a cuarto medio de Educación física y salud en el colegio
Institución Teresiana.